WAC BUNKO

日本の政治をダメにしたのは誰だ！

川貴之

WAC

はじめに――「長期政権の驕り」より怖い「万年野党の堕落」

なぜ「安倍一強」が続いたのか

〝安倍一強〟と言われて久しい。新聞・雑誌のデータベースで調べてみると、〝安倍一強〟という言葉が使われ始めたのは第二次安倍内閣が発足して一年経った二〇一三年十二月頃である。

それから六年あまり、安倍晋三総理大臣はいまや歴代最長の総理となり、総裁任期の終わりまで一年半となった現在でも、本命視される有力なポスト安倍候補は自民党内に存在しない。

それどころか総裁選・国政選挙で連戦連勝を果たした安倍に対して四選を期待する声は党の内外から絶えることはない。そういう意味においては安倍一強という状況は今も変わることはないのかもしれない。

しかし、もう少し大局的に俯瞰《ふかん》してみると、森友学園問題以降の少なくともこの三年間は安倍一強という言葉とは裏腹の、薄氷の政権運営の連続だった。森友・加計問題に始まり、陸上自衛隊によるPKO日報隠蔽、厚労省による裁量労働制に関する不適切なデータの問題、財務省による公文書改竄《かいざん》、財務次官によるセクハラ、統計不正問題、老後年金二千万円問題、「桜を見る会」問題、そして閣僚の「政治とカネ」の問題等々、安倍政権を襲った不祥事は枚挙に暇《いとま》がない。野党は、棚から落ちてくる〝ぼた餅〟に食らいつくように、次々に発覚する問題に飛びつき、その度に国会で政権批判キャンペーンを展開した。それが奏功し、内閣支持率は一時、三〇％を切る危険水域に達することもあった。政権の危機管理を担う菅義偉《すがよしひで》官房長官は、「一つ問題を片付けても、次から次に難題が降って湧いてくる」と政権運営の難しさを漏らしている。この七年間、菅がゆっくりと地元・横浜の自宅で安息する日は一度もなかった。

野党議員のネタもとは「週刊文春」？

では、これだけの好機がありながら、野党はなぜ安倍政権を倒すことができなかったのか。

立憲民主党のある中堅議員はこう解説する。

「野党議員でいることが、一番居心地が良いんですよ。刃は全部、内輪に向けるだけで、今の野党議員には政権を倒そうという覚悟を持った人間は一人もいない」

この言葉を証明するように、立憲民主党代表の枝野幸男は周囲に対して語っている。

「政権交代は早くとも十年後でしょう。今すぐ政権交代しても、閣僚になる能力を持つ議員の数が野党にはまったく足りないよ。自民党から借りないといけないな」

日々、野党議員をそばで見る国会職員はこうぼやく。

「野党の先生方が、国会でむさぼるように読んでいるのは週刊誌とゴシップ誌ばかり。国会では週刊誌の記事だけを根拠に質問し、ここは『文春劇場』かと言いたくなります」

民主党政権時代に痛いほど政権の重責を経験した野党議員たち。「俺は財務大臣までやったんだ」、「官房長官をやっていたから官邸のことは誰よりも知っている」――今の野党を仕切る幹部たちから聞こえてくるのは、民主党政権時代の栄光ばかりで、もう一度政権交代を果たそうという覚悟や気概など微塵《みじん》も感じられない。責任のない野党議員ほど〝おいしい立場〟はないのだという。

「内ゲバ」にいそしむ野党各党

本書の目的は、週刊誌片手に政権追及を行う野党議員たちと同じ土俵に立って、批判のための批判を繰り広げることではない。健全な野党が育たなければ、政権は緊張感を失い、政府与党、ひいては日本の民主主義の劣化を招くことは明らかだ。一方で、権力の監視者たる新聞・テレビなど大手メディアは読者・視聴者におもねる偏向報道に陥るばかりで、国民はメディアへの不信を募らせ、政治への関心を失った。本質を伝えないマスコミと劣化する政治家たちが、日本をダメにしていく。その危機感こそが本書を執筆した理由である。

本書は時代が平成から令和へと移り変わる二〇一九年から二〇二〇年前半までの一年あまり、野党を中心に永田町で起きたことを追ったドキュメントである。永田町の最前線で多くの議員たちの声を聞き、内部情報に触れることができる立場だからこそ描けた、生々しい舞台裏がここにはある。

二〇一二年十二月に政権を失ってから、旧民主党勢力は離合集散を繰り返してきた。二〇一六年には民主党と、「おおさか維新の会（現在の「日本維新の会」）」から分離した「維新の党」とが合流し、民進党を結成。しかし、二〇一七年に民進党は「希望の党」と「立憲民主党」に分裂。さらに、二〇一八年には「希望の党」と民進党の残存勢力が合併し、「国民民主党」を立ち上げた。

特に小池百合子都知事が旗揚げした「希望の党」がリベラル勢力を排除したことで生まれた立憲民主党は二〇一七年の衆議院選挙で大躍進を遂げる。〝枝野立て〟とのインターネット上で起こった草の根の声に後押しされてできた立憲民主党は、〝立憲フィーバー〟を巻き起こす。選挙期間中、代表の枝野幸男の街頭演説に集まる聴衆は日々、増えていき、最終日の新宿駅前には八千人を超える人たちが押し寄せてきた。その熱気は新しい野党の誕生を予感させるものだった。

しかし、あれから二年、その熱気は完全に消え去っていた。立憲民主党の支持率は六%ほどに低迷したままで、一向に上昇の気配を見せない。二〇一九年の参院選では、野党の主役の座は「れいわ新選組」を立ち上げた山本太郎に奪われたことが明らかになった。しかし、その「れいわ新選組」とて、消費税廃止など非現実的な政策を掲げ、わずか一%前後の政党支持率を得るまでにしか至っていない。

なぜ、野党は国民の期待を失い続けているのか。永田町の最前線で見えてきたのは、私利私欲にまみれ、〝内ゲバ〟にいそしむ野党議員たちのさもしい実態だった。政策や理念は二の次で、党利党略に走り、数合わせばかりに執念を燃やす。その一方で、少しの〝違い〟も認めず、内輪同士で足を引っ張り合う近親憎悪は激しさを増すばかり。

そこには彼らが主張する「多様性」や「寛容さ」など存在しない。立憲主義を謳いながら、自党に対する的確な報道を誤報だ、訂正しろと迫り表現の自由を平気で侵す野党幹部。「ボトムアップの民主主義」を掲げながら、トップダウンですべてを決める独裁政党。そんな言行不一致も今の野党の特徴だ。かろうじて野党が足並みを揃えられるのは政権批判だけだから、国会で彼らは恥ずかしげもなく「何でも反対」と声を合わせる。国民が期待する政策論争をする気などさらさらないのだ。

知られざる野党の素顔

本書で描いた野党議員の生々しい言動を見れば、こうした変わらない特徴は一目瞭然だ。野党議員が日々、何を考え、行動しているのか、手に取るように分かるだろう。立憲民主党の枝野代表が演説で政権批判をする際に好んで使うのが、「今だけ、カネだけ、自分だけ」というフレーズ。しかし、この言葉は野党にこそ当てはまるものではないか。国民の生活はそっちのけで、目先の政権批判や数合わせにしか関心を持たない。金のためだけに、政策や理念すら棚上げする。そして、すべての行動基準はどうすれば自分が再選されるかということだけ。「長期政権の驕り」というお決まりの批判をする野党議員にこそ、「万年野党の堕落」という指摘を返したい。他者への批判が自らにそっくりそのまま返ってくる野党のお家芸〝ブーメラン〟はもうたくさんだ。

「野党がどうなろうが、政府与党がしっかりしてれば大勢には影響がない」と考える向きもあるだろう。しかし、残念ながら野党の政権批判の手口は、年々、巧妙化していることも確かだ。無かったものをあるかのようにでっち上げ、針小棒大に疑惑のストーリーを作り上げていく。そこに左翼系メディアも加担して、終わりのない〝印象操作〟、〝レッテル貼り〟が続いていく。いくら政府側が説明責任を果たしても、野党とメディアは「疑惑は深まるばかり」とお決まりの文句を繰り返す。いつしか政権側にも、与野党が対立する重要法案を通すことよりも、いかに国会運営をつつがなくこなしていくかという、安全運転の姿勢が顕著になってきている。そこに生じているのは健全な緊張感とはほど遠い、世論の批判を避けるためだけの〝問題先送り〟の姿勢でしかない。少子高齢化が進み、このまま衰退していくかどうかという瀬戸際に立つ我が国には、課題を先送りする余裕など一切無いはずなのに。

国家の根幹を定める憲法についても、同じことが言える。「安倍政権での憲法改正には反対」という理屈にもならない理屈を掲げる野党に対し、与党側が何の策も打てない状況が続く。ある保守系の議員は「安倍総理が本当に憲法改正を任期中に実現したいのか、分からなくなる」とこぼす。与党が野党に足を引っ張られるがままに沈んでいけば、この国はどう救われようか。

本書が描いたのは「知られざる野党議員たち」の姿である。決してテレビや新聞では見ることのできない等身大の政治家。彼らも、我々、国民が選んだ代表である。それをどう評価するかも我々、国民に委ねられている。

本書が読者に、ありのままの野党を知ってもらい、政治への危機感を取り戻す一助となれば幸いである。そして、何よりも野党議員たちに自らを客観視し、もう一度、政治家を志したときの原点を思い出すきっかけとなればと願うばかりである。

二〇二〇年三月

氷川貴之

日本の政治をダメにしたのは誰だ！

目次

装幀　須川貴弘（ＷＡＣ装幀室）

本書は月刊『Ｗ・ｉ・Ｌ・Ｌ』に連載中の「氷川政話」を加筆し再構成したものです。

序章

肺炎よりサクラとは論外？
安住閣下の勇み足

コロナウイルスの脅威が迫っても
「サクラ」「カジノ」ばかりを追及していた
“無責任野党”。
ネット世論に追及されてちょっと方向転換？

安住閣下、論外の大失態！

「これは論外だな！　足元に貼ってやればいい」

二〇二〇年二月四日午前十一時過ぎ、衆議院二階の立憲民主党国対委員長室には、この部屋の主、安住淳の高笑いが響き渡っていた。安住はこの日の新聞朝刊各紙の政治面のコピーの一枚一枚に、ピンク色の蛍光ペンで自らの「採点」を書き入れた。それを党職員に命じて、廊下に面した扉に並べて貼っていったのだ。各紙はこの日、本予算の審議が始まった予算委員会の様子を伝えていた。安住に「論外」と評価された産経新聞は、新型コロナウイルスの感染拡大に関し、「政府に注文　自民存在感」という見出しで、自民党の対応を伝える記事を書いていた。

産経よりも酷い仕打ちを受けたのは日経新聞だ。予算委員会でトップバッターとして立った自民党政調会長・岸田文雄の質問を分析した記事のコピーには、大きくバッテンが描かれ、「くず」「0点」「出入り禁止」と書き添えられていた。安住が気に入らなかったのは、政治面で野党を大きく扱わなかったからだ。実際に安住はこの後、日経の野党担当記者に「取材禁止」を申し渡した。

一方で、安住の歓心を買ったのは朝日・毎日の記事。「『桜』首相答弁ほころび」「『桜』夕食会の収支不記載」という、まったく目新しさも新事実もない「桜を見る会」追及記事に、大げさに花丸を与えた。安住の持論である野党結集を訴えた東京新聞の記事には、花丸の横に「百点」「すばらしい」という高評価が添えられた。

異常なほど高いテンションで安住が記事を貼り出すと、国対部屋の立憲職員たちは「これは面白いですね」と手を叩いて同調した。気を良くした安住は「これを毎日やるぞ」と高らかに宣言したが、こんな愚行をメディアが黙って見過ごすはずがなかった。

新聞・テレビ各社は即座に安住に対し、貼り出しをした意図や日経を出入り禁止処分にした理由について質《ただ》す「申し入れ書」を突きつけた。安住の行為は、「自分の気に入らない記事を書くメディアは排除する」という報道機関への圧力であり、明らかに「言論の自由」や国民の「知る権利」を侵害するものである。

即座にツイッターで痛烈に批判したのは、立憲・山尾志桜里衆院議員。

「公党が各紙の報道を上から目線で比較評価して、『論外』なんてコメントするのが論外だ。野党だって権力なのに。立憲民主党にあるまじき行動。寛容とか、多様性とか党の大切な価値観と矛盾する。自分が立憲民主党所属であることが恥ずかしいレベル」

予想外の展開だったのだろう、安住は慌てて釈明のためにマスコミ各社のぶら下がり取材を設定した。

「ちょっと調子に乗りまして、不快な思いをしたんだとしたら反省をしております。ちょっと感情の思うままに書いてしまいました。編集権に介入しようなんてまったく思っていません」

およそ野党第一党の幹部の言葉とは思えない、幼稚な釈明。これこそ、彼が〝ちびっ子ギャング〟と揶揄《やゆ》される所以《ゆえん》だ。政府与党が同じような行為に及んでいたら、安住は鬼の首を取ったように「長期政権のおごりだ」と糾弾していただろう。

コロナよりサクラに執着

では、なぜ安住はこのような奇行に走ったのか。その背景には安住の二つの誤算があった。

通常国会召集直後の一月二十二日、安住は自民党の国会対策室にある差し入れを行った。それは都内の老舗和菓子店の「桜餅」。この国会では「桜を見る会」の問題を集中的に追及するとの皮肉を込めた宣戦布告だった。安住は去年十二月から記者団に対して、自信満々に意気込みを語っていた。

「秋の臨時国会は、総理も逃げ切れたと思っているかもしれないが、通常国会が始まれば予算が通るまでの三カ月間は安倍本人に対して直接追及ができる。『桜を見る会』で毎日、朝から晩まで野党に質問されたら、安倍は立ってられないだろう。逃げ出したくて仕方ないだろうな」

「桜を見る会」問題の追及で、安倍総理を窮地に追い込めば、世論の野党に対する支持も高まる。想像するだけで笑いが止まらない——安住は一人ほくそ笑んでいたのだ。

しかし、安住の目論見《もくろみ》はもろくも崩れ去る。中国・武漢市から感染が拡大し始めた新型コロナウイルスは、一月十六日に日本で初めて感染者が確認される。厚労省は当初は、人から人への感染の可能性は低いと楽観視していたが、事態は日々深刻化し、感染は瞬く間に各国へと広がっていった。年間九百万人以上の中国人観光客が訪れる中、日本政府として、いかに水際でウイルスの侵入を食い止め国民の生命を守るのか、重大な危機管理の局面を迎えていたのだ。

こうした中、本会議の代表質問に立った立憲民主党代表・枝野幸男は、質問時間の多くを「桜を見る会」や「カジノ」など政府与党の批判に費やし、国家の危機に言及することはなかった。そして、一月二十七日から始まった予算委員会でも、野党は〝桜〟質問に終始する。二十八日には、武漢市からのツアー客を乗せていた奈良県のバス運転手が、日本人として初めて新型コロナウイルスへの感染が確認される。国内ではマスクが品薄状態となるなど国民の不安や混乱が広がる中、二十九日、武漢市からは政府のチャーター機の第一便が、二百六人の邦人を救出して帰国した。この日、予算委員会の質問に立った立憲・石垣のりこ議員は、次のように質問を始めた。

「本来であれば、新型肺炎ウイルスの件、また自衛隊の中東派遣など、我が国において、我が国に住む人々、生命と財産、そこに直結する問題を質疑したいところでございますけれども、我が国の安全の最大の障壁となっているこの政権の公文書管理、及び公金管理のずさんさ、責任感のなさをただささなくてはならないと思います。そのために、この政権の堕落の象徴とも言える桜を見る会について主に質疑をさせていただきます」

石垣質問のウラにあの男！

石垣の発言にネット上では、「日本人が国内外で命の危険に晒《さら》されている時に、まだ桜の問題を質問するのか」「呆れるのを通り越して悲しい」などと批判の声が相次いだ。ようやくこの翌日から、野党も不承不承、質問時間を新型肺炎に割き始めるのだが。

ちなみに、この石垣の質問原稿を手がけた人物について立憲関係者が明かす。

「実は、石垣の原稿をつくったのは、森友問題で籠池泰典《かごいけやすのり》前理事長の代理人のように振る舞って有名になった菅野完《すがのたもつ》です。石垣の私設秘書として雇われた菅野は、石垣を通して〝桜〟問題の追及に血まなこになっているのです」

確かに国会内でも、最近は菅野の姿が立憲の会議で度々目撃されていて、立憲議員たちも「なんであいつが会議に出ているんだ」と眉をひそめている。〝いわくつき〟の人物をブレーンとして重用しているのだから、世論が立憲から離れていくのも当然だろう。

お得意の役人イジメ

世間の批判を浴びたのは国会質問だけではなかった。石垣が質問に立ったのと同じ二十九日午後、国会で開かれたのは安住肝煎りの「新型肺炎野党合同ヒアリング」。ヒアリングのため野党の部屋に呼ばれたのは、まさに新型肺炎対策に現場で当たっている外務省と厚労省の官僚およそ十人だった。二十四時間体制でチャーター機による日本人移送が進められる中、徹夜で勤務していたのだろう、官僚たちの顔は土気色をして、目の下にはクマができていた。

官僚たちの向かい合わせに座った野党各党の議員たち。テレビカメラが撮影を開始したのを確認すると、国民民主党の渡辺周副代表が役所がつくった配布資料をめくりながら、官僚たちへ質問を浴びせかける。

「PCR検査って何？　ローマ字じゃなく、平仮名で言ってよ」

インターネットで調べれば一瞬で分かることを、わざわざ現場から呼びつけた官僚に質問していく。実に、こうした不毛な〝役人イジメ〟は一時間十五分にも及んだ。

ヒアリングが行われた時間には、すべての閣僚が出席する参議院の予算委員会が開かれていた。野党は、ここで新型肺炎について質問することはせず、メディアの前で自分たちも関心を持っていることを示すためだけのパフォーマンスを演じたのだ。当然、こうした行動に対し、「なぜ予算委員会で大臣に質問しないで、忙しい現場の官僚を別で呼んでヒアリングをやるんだ」と各メディアからも厳しく批判されたことは言うまでもない。

桜問題追及が不発に終わり、安住の不機嫌さは傍目にもあからさまになってくる。

そして、安住の苛立ちのはけ口は、自らの思い通りに〝桜〟の記事を書かずに、新型肺炎ばかりを報道するメディアに向かっていったのだ。幼稚な新聞批判は、安住の八つ当たりにほかならない。

国民民主党への〝内政干渉〟

安住が焦りの色を隠せなくなっていたのには、もう一つ理由があった。去年、十二月から始まった立憲と国民民主の合流協議において、安住は失敗に次ぐ失敗を繰り返していたのだ。合流を実現することで「民主党の復活」を夢見ていた安住は、合流反対に転じていた国民民主党代表・玉木雄一郎の首をすげ替える〝クーデター〟を計画した。しかし、国民民主の多数派は安住の計画には従わず、あえなく失敗。また、合流を既成事実化するために、安住が国会で立憲と国民民主の部屋を隔てていた壁を壊したことにも批判が相次いだ。「俺が合流を実現させてやる」と豪語していた安住の勇み足の連続に、いつしか安住は立憲内でも居場所を失い始めていたのだ。

立憲幹部は、こう解説する。

「最近は執行役員会を開いていても、安住と他の幹部たちの関係が悪化していて雰囲気が最悪だ。安住は完全に孤立しているね」

わずか数カ月前に立憲に入党したばかりの分際で傍若無人に振る舞う〝閣下〟に対し、辻元清美幹事長代行や長妻昭選対委員長、逢坂誠二政調会長らはあからさまに不快感を示し、口すらきかなくなっていた。安住は意趣返しとばかりに、質問の名手として政府追及の先頭に立ってきた逢坂を、二週間あまり予算委員会の質問者から外すという嫌がらせに出ていた。旧民主党お得意の〝身内同士の足の引っ張り合い〟だ。「ボトムアップの民主主義」を謳いながら、トップダウンですべてを決めてきた立憲民主党幹部たちが機能不全に陥りつつあるのだ。

あらぬ方向に暴走しているのは安住だけではなかった。立憲民主党代表の枝野幸男は、相変わらずツイッターでマスコミ攻撃を続けていた。立憲・国民の共同会派結成の際には、「原発政策を棚上げした」と報じたＴＢＳに対し「抗議し、訂正を求める」と発信するなど圧力をかけた枝野だったが、今度の矛先は読売新聞だった。

二〇二〇年一月三十日の参議院本会議で、今年度の補正予算が成立した。補正予算は台風など、昨年相次いだ自然災害からの復旧費用を含んでおり、この予算に野党である国民民主党の増子輝彦や羽田雄一郎ら被災地出身の議員が賛成に回るという異変が起きた。二人は党の方針に造反した形となったが、地元に豪雨被害の爪痕が深く残る中、被災者・被災地を思って賛成に回った苦悩・葛藤は多くの国民が一定の理解をできるものだろう。しかし、枝野は記者会見で、「国民民主党がまず党内でしっかりとケジメをつけていただきたい」と言い放ったのだ。他党の議員の行動について、しかも被災地の議員に対して、謙虚さや寛容さの欠片《かけら》もない言葉ではないだろうか。国民民主の榛葉賀津也参院幹事長は「他党からどうこう言われる問題ではない」と不快感をあらわにした。

問題はそれだけではない。この枝野の発言について、読売新聞が「立憲・枝野代表が、国民民主で補正予算案に賛成した造反者の〝処分〟を要求」と報じると、枝野はツイッターでムキになって連続投稿した。

「読売新聞では『ケジメ』と『処分』が同じ意味のようです。明らかにミスリードの見出しです」

「読売さんには、つい先日、誤報だとの指摘に対して『ケジメ』をつけに来ていただいたのですが、あれは『処分』だったのですか？」

では、枝野の言う「ケジメ」が党内処分でないとするなら、何を意味するのか。とても野党第一党の党首の言動とは思えない。あなたが敵対すべきは政府与党ではないのか。

今度は「れいわ」に擦り寄る

そんな立憲は、国民民主との合流協議が破談となった今、秘かに新たな動きを始めていた。

きっかけとなったのは一月三十一日に山本太郎率いる「れいわ新選組」が発表した新たな活動方針だった。山本は次の衆議院議員選挙に向けて、二つパターンの想定を明らかにした。一つ目は、消費税を五％に減税するという共通政策が結べた場合は、他の野党と共闘して選挙に挑むというもの。もう一つは、消費税減税で合意できない場合は、「消費税廃止」を掲げて、独自に百人から百三十一人の候補者擁立を目指すというものだ。そして、後者の場合に、候補者を立てる選挙区を列挙してみせたのだ。このリストに青ざめたのは、自らの選挙区が含まれていた枝野や長妻ら立憲の面々だ。れいわが候補者を擁立すれば、れいわが奪うのは自民党ではなく、立憲の票だ。山本自ら枝野の選挙区に立てば、代表が落選する事態すら現実味を帯びてくる。

これまで、枝野は「れいわ新選組に、こちら側から連携のための声をかけることはしない。消費税減税は現実離れしているよ。あそこは万年野党だろう」と嘲笑していた。ところが、ここにきて、立憲の幹部内で消費減税に向けたシミュレーションを始めたというのだ。そして、選対委員長である長妻は、慌てて山本にアプローチし、選挙協力を呼びかける方針に急転換したのだ。

二月十六日、立憲民主党は〝立憲フェス〟と銘打った党大会を開催した。パートナーと呼ばれる支援者らが集まる中、蓮舫副代表や辻元清美幹事長代行が壇上で熱弁を振るったのは、相変わらず「桜を見る会」の批判ばかり。枝野代表の演説にも、拍手はパラパラと形ばかりに起こる程度。二年前の立憲フェスの熱気は、まったくそこにはなかった。受付を務めた議員秘書は「二年前と比べて、まったく人が集まらない」と青ざめていた。

立憲フェスで発表された活動方針では、代表選規則の策定について「検討作業を加速していく」と表現するにとどめた。立党から三年近く経った今も、どのように代表を決めるのかという規定が存在しないまま。党内に民主主義がない〝枝野一強〟独裁政党が、どうして立憲主義を謳《うた》うことができようか。

相変わらずの内ゲバ、そして理念なき数合わせ。その結果が国民の失望しか生まないことを、我々は嫌というほど学んでいる。

歴史は繰り返すのか。この一年あまり、我々が目撃してきたのは〝内ゲバ〟と〝理念なき野合〟にばかりいそしむ野党の醜い姿だった。

次章から改めて、この一年あまりの野党の理念なき野合の軌跡を振り返ってみたい。

第一章

野党の醜い争いが支える「安倍一強」

看板は変わってもナカミは変わらず。
それも野合と近親憎悪が渦巻くばかり。
感情むき出しの破廉恥な「内ゲバ」——
立憲民主vs国民民主

「全面戦争だ！」

二〇一九年一月二十四日、夕方六時過ぎ。すでに薄暗くなった国会議事堂の廊下に、怒声が響き渡った。声の主は国民民主党の桜井《さくらい》充《みつる》参議院議員。一月二十八日の通常国会召集を前に開かれた議院運営委員会を終え、理事会室から出てきた桜井は、顔を紅潮させたまま記者たちを前に怒りをぶつけた。

「これは立憲民主党からの宣戦布告だ。こっちは野党をまとめようと自由党と組んだのに、こうなったら全面戦争だ。フジタ、ふざけるな！」

国権の最高機関にはとても似つかわしくない物騒な言葉を吐いた桜井が名指しした「フジタ」とは、同じ国民民主党の藤田《ふじた》幸久《ゆきひさ》参議院議員のことだ。

各党の理事が集まるこの会議の場で、立憲民主党の白眞勲《はくしんくん》参議院議員は突如、藤田が国民民主党を離党し、立憲民主党に入党届を出したことを明らかにしたのだ。すでに、二〇一九年夏の参院選で国民民主党の茨城選挙区の公認候補となっていた藤田の離党は、桜井には寝耳に水だった。

仁義なき〝引き抜き〟はこれだけではなかった。翌二十五日午後、立憲民主党の蓮舫参議院幹事長は、衆議院第一議員会館地下の会議室で、参院選における東京都選挙区の候補者擁立会見に臨んでいた。目の前に並んだ報道カメラを得意げに眺める蓮舫の隣に座っていた候補者は、あろうことか、国民民主党の広島三区支部長の塩村文夏《しおむらあやか》だった。

ともに〝安倍政権打倒〟を訴え、厚生労働省による統計不正問題では、政府に対する追及で歩調を合わせているかのように見える野党第一党の立憲民主党と第二党の国民民主党。しかしその陰では、感情むき出しの破廉恥な〝内ゲバ〟が繰り広げられていたのだ。

玉木・小沢会談の舞台裏――誰よりも軽くて担ぎやすい玉木という〝神輿《みこし》〟

両党の確執が表面化するきっかけとなったのは、二〇一九年一月二十二日の「玉木・

小沢会談」だった。東京・紀尾井町のホテル・ニューオータニの客室で、国民民主党の玉木雄一郎代表が向き合っていたのは自由党の小沢一郎共同代表。二人はこの場で両党を合流させる方針を確認したのだ。

この会談を仕掛けたのは玉木だった。二〇一八年五月に衆参六十二人の国会議員で結党した国民民主党だったが、その後は離党者が相次いだ。この一週間前には伊藤《いとう》俊輔《しゅんすけ》衆院議員が離党届を出し、立憲会派入りを表明したばかりだった。玉木は自らユーチューブに出演し若者への浸透を図ったが、支持率は一％台から上向く兆《きざ》しはなかった。党内からは「このままでは（参議院）選挙は戦えない」と悲痛な声が上がり、離党予備軍は増える一方。何らかの策を打たなければ、玉木の求心力が一層低下することは確実だった。

年明け、玉木は親しい同僚数人に思いを打ち明ける。

「小沢さんと組むしかない」

玉木がそれまで秋波を送り続けてきた立憲民主党の枝野幸男代表は、「党同士の合流はするつもりがない」と明言していた。岡田克也元外相が率いてきた〝無所属の会〟は年明け早々、立憲会派への合流を決めてしまった。玉木にとって残る道は、自由党との合流だけだった。

しかし、電力会社や原発メーカーの労働組合出身の議員を擁する国民民主党と「原発即ゼロ」を掲げる自由党は本来、相容れない存在だ。党内には〝壊し屋〟小沢へのアレルギーを持つ議員も多い。そこで玉木は、小沢との直接会談で既成事実を作った後、党内を説得する道筋を描いた。

小沢にとって、玉木の申し出は渡りに船だった。自民党史上最年少で幹事長になった〝剛腕〟もいまや見る影はなく、所属議員たった六人の政党の代表に成り下がっていた。かつて「小沢王国」と呼ばれた岩手でも後援会は弱体化し、二〇一七年十月の総選挙では自らの選挙区で自民党議員の比例復活を許した。

なぜ玉木は、百億円にのぼる国民民主党の内部留保金に〝のし紙〟をつけた上で、過去の人となった小沢を三顧の礼で迎えようとしたのか。答えは簡単。玉木は衆参ダブル選挙を誰よりも恐れていたのだ。

「ダブルを打たれたら国民民主党は壊滅する。もしかしたら安倍は三月にも解散に打って出るかもしれない」

玉木はこう周辺に漏らして、解散におびえる自らの姿をさらしてきた。支持率一％のまま衆院選を迎えれば、国民民主党は消えてなくなる。だが、小沢を自らの党の要職に据えて選挙を仕切らせれば、官邸は衆参ダブル選挙をためらうのではないか――そう考え、玉木は〝永田町の亡霊〟小沢一郎の神通力にすがった。

「玉木はパンドラの箱を開けてしまった。政治的に終わった小沢をよみがえらせてしまうなんて……」

民主党政権時代、小沢を目の当たりにしてきた議員は嘆いた。七十六歳になった小沢は、もう一度権力を手中に収める夢を見ていた。だが、そんな小沢を相手にする人間はもはやいない。そこに、誰よりも軽くて担ぎやすい玉木という〝神輿《みこし》〟が、のこのこ現れたのだ。

玉木の決断に、かつて小沢と袂《たもと》を分かった階猛《しなたけし》議員が反対の声を上げたものの、大半の国民民主党の議員は支持を表明した。ある中堅議員は「どうせ何もしなくても地獄に行くんだったら、何かやってみてから地獄に落ちた方がマシだ」と肩を落とした。

「数合わせ」を優先する枝野・福山コンビ

玉木・小沢会談に最も衝撃を受けたのは、立憲民主党の枝野幸男代表である。枝野はかねて噂のあった国民・自由の合流について、「できるわけない。無理だ」と高をくくっていた。枝野は常々、「次の参院選、敵は自民党ではない。目的は国民民主党を完全に潰すことだ」と公言していた。

二〇一七年の衆院選、小池都知事率いる希望の党から排除された人間で作ったのが立憲民主党。枝野は自らを排除した国民民主党を、蛇蝎《だかつ》のごとく嫌っていた。〝いじめられっ子〟枝野にとって、国民民主党を瓦解《がかい》させることが、最大の仕返しなのだ。だからこそ、枝野は国民民主党との合流について「数合わせはしない」と一切拒み、「立憲民主党に来たいのなら、離党してから来い」と、上から目線で突き放した。

二〇一九年一月二十四日午前、そんな国民民主党が自由党と統一会派を組むことが発表される。枝野にとって何よりも許せなかったのは、これによって参議院で国民民主党に野党第一会派を取り返されることだった。野党第一会派は自民党との交渉役を担い、国対委員長の言動は日々、テレビのニュースでも取り上げられる。第二会派に陥落すれば、担当記者すらまばらになる。天と地ほどの差がある。

即座に枝野は福山哲郎幹事長に指示を飛ばす。福山は社民党の又市征治《またいちせいじ》党首のもとに駆け込み、頭を下げる。

「いまから立憲民主党の参議院議員を集めて、社民党さんとの統一会派の了承をとりたいが、いかがでしょうか」

「政党同士の合流はしない」との前言をひるがえし、社民党の参院議員二人を立憲会派に加えたのだ。これで参議院議員の数は「二十七」対「二十七」。福山は次の手を打つ。

ベテラン議員の悲哀——裏切り者の哀れな末路（落選）

藤田幸久、六十八歳。この名前を聞いて、すぐにその顔が思い浮かぶ人は少ないだろう。平成八年に民主党から衆院選比例東京ブロックに出馬し、初当選。衆院議員を二期務めた後、参議院に鞍替《くら》えし、平成二十五年には茨城県選挙区で三回目の当選を果たした。この国民民主党のベテラン議員に、これといった実績はなく知名度はゼロに等しい。

藤田は、ピンチに立たされていた。茨城県選挙区は二人区で、自民党と野党が議席を分け合う。藤田のような議員でも難なく当選できる、いわば〝無風区〟だ。ところが、この指定席に殴り込みをかける人間がいた。「国民民主党」潰しを狙う枝野である。枝野は茨城県選挙区で立憲民主党から擁立する候補者の選定を進め、官僚出身の候補者を内定していた。支持率一％の国民民主党で知名度の低い藤田など、吹けば飛ぶような存在だ。

二〇一九年一月上旬、枝野の動きを察知した藤田は慌てて京都に向かう。水面下で福山幹事長に面会を求め、「国民民主党を離党するから、立憲民主党に入党したい」と頭を下げたのだ。

しかし、福山は冷たく言い放った。

「もう遅いです。立憲は、候補者を立てますから」

同年一月十二日、国民民主党大会で壇上に立った藤田は引きつった笑顔で「自分は野党の統一候補です」と強がったが、その議員生命は風前の灯火《ともしび》だった。

一月二十四日午後、そんな藤田に〝神風〟が吹く。藤田の携帯電話に福山から着信が入った。

「今日中に入党届を出すのであれば、立憲への入党を認めます」

通常国会で立憲民主党が野党第一会派を確保するためには、この日が入党届を受けるギリギリの期日だった。インフルエンザで自宅療養中だった藤田が、慌ててサインペンで書き殴った入党届を届けたことは言うまでもない。冒頭に記した議院運営委員会で立憲民主側はこの入党届を示し、「野党第一会派は自分たちだ」と誇ったのだ。

喜び勇んで立憲民主党への入党を果たすはずだった藤田だが、話はこれで終わらなかった。国民民主党は、藤田の離党届を「無効」として受理を拒否。離党を引き延ばそうと企《たくら》む国民民主党の嫌がらせによって、藤田の身分はしばらくの間、宙ぶらりんになった。

そして、立憲民主党の本性もすぐに明らかになる。枝野は「藤田が入党しても、茨城県選挙区で公認するつもりはない」と斬って捨てたのだ。第一会派争いのための頭数さえ揃えば、藤田はお役ご免だ。

実際、藤田は、その後、国民民主党から除籍されたのち立憲民主党に入党したが、二〇一九年夏の参議院選挙では、茨城県選挙区で公認されることはなく、比例区から出て落選した。同党の現職議員では唯一の落選となった。

言行不一致

このような理念なき数合わせに、立憲民主党の若手議員からは「言っていることとやっていることがあまりに違う」と、失望の声が相次いでいる。「草の根からの民主主義」を掲げる立憲民主党だが、実はいまだに代表を決めるための手続きを定める代表選規則がない。つまり、肝心の党内に民主的な手続きが欠落しているのだ。党内では、

「何でも枝野と福山の二人で決めてしまう。まさに独裁政党だ」と不満が渦巻いている。

その枝野は、政策を口にすることはほとんどない。頭の大半を占めるのは、いかに国民民主党に〝排除〟された恨みを晴らすかだ。

二〇一九年夏の参院選で全国に四つある二人区のうち、茨城、静岡、広島県選挙区では、自民党と国民民主党が議席を一つずつ分け合っていた。枝野は、この三つの選挙区に強力な候補を立てることで、国民民主党の議席を奪おうというのだ。残る二人区の京都府選挙区では、国民民主党の前原誠司元外相がすでに自らの秘書を擁立することを発表している。しかし枝野は、あえてそこに経済評論家・勝間和代氏のレズビアンのパートナー増原裕子《ますはらひろこ》を目玉候補として立てた。

玉木は「二人区でも野党で候補者を調整するべきだ」と訴えるが、枝野は意に介さない。

「参院選の第一声は京都でやる。その後は、国民とぶつかる選挙区を回る」

枝野の〝国民民主潰し〟の徹底ぶりには、周辺も「相手は与党じゃないのか。エネルギーを費やす相手が違う」と閉口するほどだ。

さらに立憲民主党の「言行不一致」が露呈する事態が発生する。二〇一九年二月六日、夕刊フジが、辻元清美国対委員長が平成二十五年と二十六年、韓国籍の男性から献金を受けていた事実を報じたのだ。辻元は、急遽議員会館の自室に記者クラブの記者を集め、愛想笑いを浮かべたまま釈明した。

「こういう間違いがあったことは、自分で自分自身にショックを受けています」

統計不正問題で根本匠《ねもとたくみ》厚労相の辞任を舌鋒鋭く迫ったときとまるで別人のような物言いに、集まった記者たちも唖然とする。

「責任を取って、国対委員長を辞任することは考えないのですか?」

政治資金規正法は外国人献金を禁止しており、平成二十三年には当時の前原誠司外相が在日韓国人からの献金を理由に辞任している。外国人献金は、常に国益を考えて行動しなければならない国会議員として絶対に許されないはずだ。しかし、辻元は悪びれずに開き直る。

「辞任するまでには至らないと思っています」

さらに、記者たちはカメラの前での説明を求めたが、辻元は「検討します」とだけ述べ、逃げるように去って行った。かつて鈴木宗男を「疑惑の総合商社」と批判した辻元だが、批判が自らに〝ブーメラン〟のように返ってくる野党のお家芸は相変わらずだ。

こうした言動について、枝野は「何の問題もない」と出演したラジオ番組でかばった。党内からは「身内には大甘。これでは大臣に辞めろなんて言えない」との批判が噴出した。

野党は共倒れ

二〇一九年夏の参院選で、野党六党派は全国に三十二ある一人区については、候補者を一人に調整し、自民党と一対一の構図を作ることで合意していた。枝野が秘かにターゲットとしたのは、国民民主党との直接対決となる複数区だった。

しかし、骨肉の争いを繰り広げる野党に政権交代が担えるはずがないことを、国民はこの時点ですでに見抜いていた。

第二章

権力とカネ——小沢一郎らしい〝奸計〟

「悪夢」の民主党政権をもたらした
「主役」政治家が凝りもせずに跋扈。
アントニオ猪木を引き込んだ“妙手”に
玉木も立憲民主幹部も絶句？

小沢に呑み込まれる国民民主——参院第一会派に復活

二〇一九年二月二十一日、東京千代田区のホテル・ニューオータニ一階「芙蓉の間」。天井のシャンデリアから光が降り注ぐなか、場違いなテーマ曲が響き始めると、会見場にいた記者やスタッフから失笑が漏れる。舞台の袖から付き添いの男性に抱えられるように入場してきたのは、アントニオ猪木参議院議員だった。

プロレス界の往年のスターも、今や七十六歳。国会内を車いすで移動しなければならないほど衰えた姿を見て、永田町の誰もが猪木は残り数カ月の議員任期満了をもって政界から引退するものと確信していた（実際、夏の参議院選挙には出馬せず引退する）。

ところが、そんな引退間近の老レスラーをもう一度表舞台に引っ張り出した人物がいた。自由党の小沢一郎代表だ。この日、それまで無所属で活動していた猪木が、国民民主党と自由党の統一会派に加わることを発表したのだ。

「小沢先生からお誘いをいただきました。人間的魅力もあり、何回か話をするうちに腹が決まった。玉木代表とは、実を言うと今日初めて会いました」

記者会見で、猪木が合流の裏事情を明かすと、隣に座っていた玉木は気まずそうに苦笑いを浮かべた。実は、小沢は独断で一カ月前から猪木を会派に取り込むことを狙い、数回にわたって食事に誘い熱心に口説いた。玉木が小沢からアントニオ猪木の合流を聞かされたのは、何とこの前日。玉木は絶句したという。

二〇一九年一月、野党第二党で六十人近い国会議員を擁する国民民主党は、所属議員数わずか六人の自由党と、政党同士の合流の前提となる統一会派を組んだ。玉木にとって、小沢を取り込むことでジリ貧の国民民主党の党勢を拡大させようという起死回生の策だったが、猪木の合流劇は、すでに国民民主党が小沢によって呑み込まれていることを如実に物語っていた。

猪木の会派入りを聞いた立憲民主党幹部は、吐き捨てるように言った。

「引退間近の猪木にいくら金を積んだんだ。小沢らしい汚い手だ」

猪木の加入によって、国民民主党と自由党の統一会派は立憲民主党を抜き、参議院での野党第一会派を取り戻した。通常、国会議員の会派入り程度の発表であったら、国会の中にある会議室で記者会見が行われるのが普通だ。それを百万円はくだらない費用をかけて、一流ホテルの宴会場でわざわざ会見をした。「大金が動いた」とのやっかみも無理はない。

なにしろ、国民民主党には百億円とも言われる内部留保金がある。老獪《ろうかい》な小沢にとって、権力と金さえ手にすれば政局はお手のもの。小沢は同時並行で、別の無所属議員に対しても会派入りの説得工作を始めていた。かつて自民党史上最年少で幹事長となり、剛腕と畏《おそ》れられた小沢の影響力は日に日に増し、すでに国民民主党は金も人事も乗っ取られつつあるのだ。

枝野別動隊・元重鎮たちによる切り崩し工作

こうした状況を苦々しく見ていたのが、野党第一党の立憲民主党・枝野幸男代表だ。枝野にとって、二〇一七年の総選挙で自らを〝排除〟した希望の党の流れをくむ国民民主党は、絶対に許すことのできない存在だった。枝野の頭の中には、「いかに国民民主党を壊滅させるか」しかないと言っても過言ではない。

支持率一％にあえぐ国民民主党が小沢によって息を吹き返そうとしているのが、枝野には我慢ならなかった。どうしたら国民民主党を瓦解《がかい》させられるか。枝野が使ったのは、かつての民主党の重鎮たちだった。

無所属の会――野田佳彦前総理、岡田克也前副総理、安住淳元財相、玄葉光一郎元外相ら旧民主党系の議員十三人が所属するグループだ。彼らは、前回の総選挙で希望の党にも立憲民主党にも入らず、無所属で勝ち残ってきたベテラン議員たち。現在も定期的に会合を開いては〝民主党の復活〟を虎視眈々《こしたんたん》と狙っている。枝野は、このグループに〝別動隊〟としてあるミッションを担わせた。

二〇一九年二月二十一日、無所属の会の面々は、都内の中華料理店で開いた会合に玉木を呼び出した。そこで岡田らは、玉木を責め立てた。

「小沢と一緒になったら、二度と立憲民主党とは一緒になれないぞ。今すぐに国民民主党を解党して、立憲民主党に合流しろ。合流できない議員は、野田さんが立ち上げた会派にいったん所属すればいい。とにかく小沢との合流はやめて、国民民主党を解党すべきだ」

ベテラン議員たちの剣幕に玉木は脂汗を浮かべ、押し黙るしかなかった。六十人近い議員を率いる公党の代表に〝解党〟という無理難題を迫ったのだ。

急先鋒の岡田と安住の攻撃は、これにとどまらなかった。二人は、それぞれ個別に国民民主党の衆議院議員と面会し、切り崩し工作を仕掛けた。

「安倍政権は必ず衆参ダブル選挙を打ってくる。そうしたら、国民民主党では比例復活すらできないぞ。お前たちが玉木を突き上げないとダメだ。小沢と合流する前に、国民民主党を解党するよう声を上げろ」

枝野の高笑い

この脅しは効果覿面《てきめん》だった。国民民主党の若手衆院議員は、多くが小選挙区で自民党に敗れた後に、比例で復活してきている。しかし、支持率一％の国民民主党の現状でダブル選挙を打たれたら、比例復活など夢のまた夢となる。岡田・安住コンビは、国民民主党の衆議院議員にとって死刑宣告ともいえるダブル選挙を持ち出して恫喝《どうかつ》したのだ。

二〇一九年二月下旬、岡田・安住から脅し上げられた国民民主党の一年生議員七人が密かに集まる。七人のうち小選挙区で勝ち上がったのは長崎一区の父親が西岡武夫（元文相）という特殊事情のある西岡秀子だけで、残りはいずれも希望の党議員としてかろうじて比例復活を果たした議員ばかりだ。

東海ブロックからの比例復活組、源馬謙太郎が口火を切る。

「今のままでは絶対に選挙に勝てない。自由党と合流しても無理だ。発展的解党を玉木代表に申し入れよう」

岡田・安住のようなベテラン議員に個別に説き伏せられれば、危急存亡の時にある若手議員が動揺するのも無理はない。浮き足立つ一年生議員たちは二日後、玉木に面会を求める。

玉木は解党を迫る一年生議員らを必死でなだめた。

「いま立憲に行ったら、足下を見られるぞ。比例名簿だって、不利な順位にしか載せてもらえないはずだ。次の選挙までに野党での統一名簿を実現するから、俺についてきてくれ」

何とかその場では矛を収めさせることはできた。しかし、ダブル選挙への恐怖で怯える衆議院議員らは一気に「解党すべきだ」との流れに呑み込まれる。

同年三月五日夜、国民民主党の原口一博国対委員長は、都内のホテルのレストランに記者クラブに所属するマスコミ各社の番記者たちを呼び出していた。酒に酔った原口は記者たちに弁舌をふるう。

「俺は自由党との合流は絶対に阻止する。小沢さんと組んだら、先がない。立憲と一緒になるために、俺は安住と組む」

党幹部が公然と玉木代表の方針に反旗を翻《ひるがえ》す姿を見て、その場にいた記者は「この党は末期症状だ」とため息を漏らした。

ある国民民主党幹部は、「離党予備軍は十人以上いる。このままだと統一地方選後のゴールデンウィーク連休中に集団離党が起きかねない」と頭を抱えていた。

一方の枝野は高笑いだ。

「岡田さんや安住さんは、私の別動隊として思い通りに動いてくれているよ」

玉木の苦悩・右往左往、小沢の怒り・苛立ち

国民民主党内に動揺が広がる中、玉木は身もだえするほど悩んでいた。会う人会う人に「私はどうしたらいいと思いますか?」と弱々しく聞き、右往左往していた。

二〇一九年一月二十二日に小沢との都内のホテルでの会談で、一カ月をめどに合流に向けて協議を進めることで一致し、とりあえず統一会派を組んだものの、それから二カ月近くたっても玉木は〝合流〟の最終決断を下せずにいた。

自由党と組むことで危機的状況を打開しようとしたが、逆に立憲民主党との溝は広がるばかり。そして、支持率もまったく上がる気配がなかった。しかし、もし自由党との合流が頓挫《とんざ》すれば、玉木の責任問題となるのは確実だった。進むも地獄、退くも地獄。玉木にできるのは、合流を引き延ばすための時間を稼ぐことだけだった。

そんな玉木の対応に、小沢は激怒した。

「玉木君は何をやっているんだ。まるで何も決められない、民主党の体質そのものだな」

小沢が怒るのも当然だった。国民民主党の平野博文幹事長とは、合流に向けて政策のすりあわせを行う協議を重ね、小沢は国民民主党の基本政策を丸呑みすることに合意した。原発即ゼロを掲げる自由党が、原発再稼働を認める国民民主党の政策を呑んだのだから、小沢にとっては大幅な譲歩だった。それなのに煮えきらない態度を続ける玉木に苛立《いらだ》ちを募らせていた。

もはや、この合流に期待する者はいなくなっていた。

不毛すぎる野党・枝野の秘策とは？

二〇一九年三月一日、衆議院での来年度予算案の審議は佳境を迎えていた。統計不正問題を中心に野党は連日、追及を続けていたが、審議時間はすでに七十時間を超えていた。自民党の田中和徳予算委筆頭理事は「同じような質疑の繰り返しになっており、十分に採決の状況は整った。四月一日から予算を執行するため、年度内に成立させることは与党の責任だ」と述べ、三月一日中の採決を求めた。

反発する野党は一日朝、統計不正問題への対応が不誠実だとして根本厚労相に対する不信任決議案を提出し、予算委員会での審議を強制的にストップさせた。そして、衆議院本会議で不信任決議案の趣旨弁明を行った立憲民主党会派の小川淳也議員は、一時間四十分以上にも及ぶ冗長な演説で議事を長引かせた。

日経新聞が行った二月の世論調査で、厚生労働省の毎月勤労統計の不正問題で最も責任があるのは誰かを聞くと「これまでの厚生労働省の官僚」が三一％だった。「安倍晋三首相」は一六％、「根本匠厚労相」が三四％、「厚生労働省の官僚」がいかに、野党の不信任決議案が国民の意識からかけ離れたものだったかが分かる。

結局、予算案が衆議院本会議で可決されたのは、日付が変わった三月二日の午前二時。この日の国会職員の残業代は合計約二千二百三十一万円、タクシー代は百五十二万円以上に上ったという。これらが国民の血税で賄《まかな》われることは言うまでもない。

深夜国会で野党が得たものは何だったのか。三月二日、三日に行われたＪＮＮの世論調査で内閣支持率は横ばいの五二・三％となったのに対し、立憲民主党の支持率は五・七％、国民民主党は一・一％と目を覆いたくなるほどの低迷を続けている。

深夜国会が終わった後、立憲の辻元清美国対委員長は記者団に「これだけ追及をしても、内閣支持率が下がらないことをどう思うか」と問われると、関西弁でこう強がった。

「これから落ちるんとちゃいますか」

野党にとって、安倍一強を崩すためには、二〇一九年夏の参議院選挙での勝利が不可欠なのは衆目の一致するところだ。その野党第一党の代表たる枝野は、周辺に参院選勝利のために〝秘策〟があると語っていた。それは六月の通常国会会期末に内閣不信任決議案を出し、自身が持つ二時間四十三分という最長の趣旨弁明演説の記録を超える長時間の演説をすることだという。演説が話題に上ることで、参院選に向けて勢いづけようというのだから、呆れるばかりだ。

結局、野党は六月二十五日に安倍内閣に対する不信任決議案を提出。しかし、政府与党から「解散」をちらつかされた枝野は借りてきた猫のように迫力不足の演説を行うだけで、決議案はあっさり否決された。

声を荒らげる男

二〇一九年三月六日、参議院予算委員会では、内閣法制局長官の横畠裕介《よこばたけゆうすけ》の発言が問題となる。

立憲民主党会派の小西洋之が「国会議員の質問には内閣に対する監督機能があるかどうか」と確認を求めたのに対し、横畠は「このような場で声を荒らげるようなことまで含まれているとは考えていない」と発言したのだ。この発言に対し、野党は「法の番人が、安倍政権の門番に成り下がった」などと猛反発し、横畠の辞職を求めた。

なぜ、横畠はあのような発言をしたのか。問題の発言の前に小西が行った質問をきちんと見る必要がある。

「安倍総理は聞いたことに、まったく答えずに時間稼ぎをしている。十二年間の官僚経験の話をしましたけども、いろんな総理大臣の答弁作成を私もしましたけども、安倍総理のように時間稼ぎをするような総理は、戦後一人もいませんでしたよ。国民と国会に対する冒瀆《ぼうとく》ですよ。聞かれたことだけに堂々と答えなさい!」

「われわれ国会議員は国民の代表として、議院内閣制の下で質問しますので、私の質問は、安倍総理に対する監督行為なんですよ。これは安倍内閣の質問主意書に書いてありますよ。だからしっかりと監督させていただきます」

なんたる傍若無人な態度だろうか。一国の総理の答弁に対し、「時間稼ぎの答弁」と決めつけた上で、総理に対し「答えなさい!」と声を荒らげる。こうした下品な言動までもが国会に認められた監督機能に含まれないのは、当然ではないだろうか。

内閣法制局OBは「横畠はよく言ってくれた。自分があの場にいても、同じ発言をしただろう」と擁護する。そして、「小西は常に相手を馬鹿にした態度で、質問はクイズのように閣僚を挑発するばかり。あんなのに国民の代表を名乗ってほしくない」と続けた。

実は立憲民主党の枝野も、小西の態度の悪さには日頃から手を焼いており、「あいつだけは立憲に入れたくなかった」と語っている。

それでも小西を質問に立たせるのは、相手を苛立たせることだけに長《た》けた小西の質問に安倍総理が頭に血を上らせ、失言をすれば儲けもの——そんな下劣な期待をしているからだ。

小沢、岡田、安住、枝野、そして小西……民主党政権という〝悪夢〟をもたらした面々が跋扈《ばっこ》する野党に、国民の声を謙虚に聞こうとする姿勢は見られない。この悪弊はその後もずっと続いていくのだ。

第三章

赤松広隆（衆議院副議長）がみせた大醜態

「俺は、菅官房長官に
謝罪と撤回を求めたんだ」――
新元号リークを恐れる官邸を悩ませたのは
“厚顔無恥”の元社会党のアノ男だった……

口が軽すぎる赤松参院副議長の乱

二〇一九年四月一日午後一時過ぎ――JR東京駅・東海道新幹線十六番線ホームの一角は、異様な雰囲気に包まれていた。スーツ姿の一人の男を十人ほどの新聞・テレビ記者が囲み、男が発する一語一句に食い入るように聞き入っていた。

男の名は赤松広隆《あかまつひろたか》。立憲民主党所属のベテラン衆議院議員で、二〇一七年十一月から二回目となる衆議院副議長を務めている。父親は日本社会党の結成にも参加した赤松勇《いさむ》で、赤松自身も十八歳から社会党に所属するなど、筋金入りの左翼議員だ。

この二時間ほど前、赤松の姿は国会からすぐ近くの衆議院議長公邸にあった。新元号の選定手続きの一環として、菅義偉《すがよしひで》官房長官が六つの候補案を衆参の正副議長に示し、意見聴取を行っていたのだ。

「どんな雰囲気だったのですか」

「元号案はいくつ示されたのですか」

記者たちが矢継ぎ早に質問する。赤松はホームの左右に目をやり、少しだけ周囲を気にしながらも、嬉しそうに語り始める。

「俺は、菅に謝罪と撤回を求めたんだ。菅は『申し訳ありませんでした』と平身低頭していたよ」

記者たちが驚きの表情を浮かべると、赤松はさらに饒舌《じょうぜつ》になる。

「俺は元号の案を見て、まず安倍の『安』の字がないか確認したんだ。なかったから、菅に『安という字があったら、権力は抑制的であるべきだと言おうと思ったんだ』と言ってやったよ」

「令和の『令』は命令の『令』だぜ。あり得ない案だと思ったよ」

まさに言いたい放題。名古屋市議選に出馬している息子の選挙応援のため、地元・名古屋に戻る赤松（息子・赤松哲次は、名古屋市議選でのちに当選した）。テレビ・新聞記者は、同じ新幹線のグリーン車に乗り追いかけていく。記者の一人がほくそ笑む。

「こんなに口の軽い副議長はいないな。ついて行くしかないよ」

「赤松を追いかければ、元号スクープが出せる」

この赤松こそ、新元号発表という大役を担う官邸にとって最大の頭痛の種だった。二〇一九年二月下旬、赤松は副議長室で怒りに身を震わせていた。原因は官邸が副議長室に持ってきた一枚のペーパーだった。四月一日に新しい元号を選ぶに当たって、衆参正副議長に菅官房長官が意見を聞く際の注意事項を記したものだった。そこには、三つのことが書かれていた。

・意見聴取の後、元号の発表までは部屋にとどまっていただきたい。
・携帯電話は入室前に預からせていただきたい。
・洗面所に行く場合は、職員を付き添わせていただきたい。

この紙を目にした赤松は、「俺が外部に漏らすとでも言うのか。立法府への冒瀆《ぼうとく》だ！」と激高し、即座に菅官房長官に電話をかけた。

「俺は、絶対にこんなことを守らないからな」

実は、こうしたルールは前回の「平成改元」の時も議長・副議長に要請されたものだった。

なぜ、官邸はここまで情報管理を徹底する必要があったのか。

菅官房長官は、「万が一、事前に漏れたら、新しい元号に傷がついてしまう。マスコミ内でも『抜いた、抜かれた』の混乱で、恨みの感情が生まれてしまう。だから、絶対に失敗するわけにはいかない」と周辺に語り、徹底した秘密保持を行う姿勢を貫いていた。

光文事件——大正十五年十二月、毎日新聞の前身・東京日日新聞による「世紀の大誤報」が世間を騒がせた。大正天皇の崩御直後、東京日日新聞は「次の元号は『光文』」と見出しを打った号外を配ったのだ。結局、元号は「昭和」であることが発表されると、当時の社長は辞意を表明し、最終的に編集局幹部が辞任する事態に追い込まれた。

今回の新元号発表をめぐっても、マスコミ各社のスクープ合戦は過熱し、「NHKは発表三十秒前に速報を打とうとしている」などと噂されていた。

すべての国民が新元号を言祝《ことほ》ぐため、情報が事前に漏れるなど絶対に許されない。こうした事情を十分理解している衆参の赤松以外の議長・副議長からは、官邸からの要請について一切異議は出なかった。しかし、赤松だけはマスコミ各社の記者に対して「俺は元号案が示されて意見を言ったら、すぐに部屋を出て地元に帰るからな」と吹聴して回った。マスコミ各社は、「赤松を追いかければ、元号スクープが出せる」と色めき立った。

官邸の苦悩

官邸幹部は、「議長・副議長の意見聴取から、元号発表まで一時間はある。これだけおしゃべりな赤松が黙っていられるはずがない」と頭を抱えた。別の政権幹部は「そもそも新元号は内閣が決めるものだから、副議長に聞く必要などない」と、一度は〝赤松外し〟すら画策する。

結局、官邸の一任を受けた衆院議長の大島理森《おおしまただもり》が説得に乗り出す。意見聴取の場は、「平成改元」の時のように国会内ではなく、衆議院議長公邸とすること。こうすれば、発表前に赤松がマスコミと接触するのを制限できる。そして意見聴取が終わった後は、議長公邸で「正副議長で昼食をとりながら、発表の様子をテレビで見ましょう」と持ちかけたのだ。議長・副議長で、いわば相互監視をしようというのだ。

当日、意見聴取のために国会から議長公邸へ向かう赤松は、記者団に対し一言だけ言い残した。

「俺は官邸の言いなりにはならないからな」

結局、赤松は名古屋にまでついていった記者たちに、官邸からは厳秘と言われたはずの令和以外の他の案について「俺の名前が一文字入っていたな」と話し、〝広至《こうし》〟や〝久化《きゅうか》〟の二案を推したことを悪びれもせず明かしていったという。安倍の「安」が入っていたら絶対に反対していたと言いながら、自らの名前の一字が入った案をあえて推薦する厚顔無恥ぶり。官邸の悪い予感は当たっていたのだ。

野党は〝下衆の勘繰り〟だらけ

二〇一九年四月一日の新元号発表を、野党はどう受け止めたのか。

共産党の志位和夫《しいかずお》委員長は、元号発表後に記者会見を開いた。

「元号はもともと中国に由来するものであって、君主が空間だけではなく時間をも支配するという思想に基づいたものであり、日本国憲法の国民主権の原則にはなじまないと私たちは考えている。西暦か元号かは国民自身の選択にゆだねられるべきであって、国による使用の強制には反対する」

かねて主張していた元号法の廃止を強くにじませた。

新元号を真っ向から批判する談話を発表したのは、社民党の又市征治《またいちせいじ》党首だ。

「『令』は『命令』の『令』であり、安倍晋三政権の目指す国民への規律や統制の強化がにじみ出ている」

社民党は社会党時代から、元号は国民主権や基本的人権尊重の理念と相容れないものだと批判し、元号法制定にも「象徴天皇制と矛盾する」と反対してきた。

立憲民主党は、今回の新元号発表をどうしても安倍総理に対する批判にこじつけたかったようだ。元号発表の翌日、国対委員長の辻元清美《つじもときよみ》は代議士会でこう演説した。

「総理大臣がしゃしゃり出すぎじゃないかと違和感を覚えた。総理大臣がしゃしゃり出てですね、ペラペラとテレビの画面で解釈とか、自分の思いを自分の手柄のようにおっしゃっている。これは私、政治家として慎むべきじゃないかなと思うんですわ。安倍総理がテレビで思いを述べれば述べるほど元号が軽くなる、重みがなくなるんじゃないかという懸念すら覚えました」

立憲会派の岡田克也《おかだかつや》前副総理も番記者を前に、「選挙期間中に新しい元号を発表するのは自制すべきだった。安倍総理が自身の見解を述べる必要があったか疑問だね」と持論をぶった。

しかし、新元号発表という歴史的な節目、しかも憲政史上初めてとなる〝生前退位〟による改元にあたって、元号選定の責任者である総理大臣が国民にその思いを伝えることが、そこまで非難に値することなのか。「下衆《げす》の勘繰り」とは、まさにこのことだろう。

〝いちゃもん〟をつけるだけの石破茂

驚くことに、野党のように新元号を批判した人物が自民党内にも一人だけいた。誰あろう、元幹事長の石破茂《いしばしげる》だ。石破はマスコミ各社の代表取材に対し、以下のように述べた。

「違和感があるよね。我々は『令』という字の持つ意味をきちんと調べて、国民がすんなり納得していただけるように、説明する努力をしなければいかんわね」

新元号を「違和感がある」と言い放った上で、こう続けた。

「令和って万葉集の話でしょう？『人々が心穏やかに過ごすんだ』ということだけど、『令』という字にそんな意味があるのかね。今日も十一時半に発表があったときに、岡山で街頭演説していた。説明するときに『命令の令ですね』っていうと、みんな『えー』って感じはあるわな。『平成』ならさ、説明しやすかったわね。だから今回は説明しやすさがちょっと思い浮かばない。中国から取らないで日本から取ったっていうね。そこはどうなんだいっていうのは我々が言う議論ではなくて、一部ではあるんだろうね」

新元号への違和感と不満をにじませた石破。しかし、この翌日に行われた共同通信の世論調査の「令和について好感が持てるか」という問いに対し、「好感が持てる」と答えた国民は七三・七％、「好感が持てない」は一五・七％。いかに、石破の感覚が国民からかけ離れているかが露呈した格好だ。

少し古い小説などを読めば「令夫人」「令室」「令嬢」という言葉がよく出てくる。「令」ときけば、「命令」という言葉しか頭に浮かばないのは、己の教養の無さ、語彙《ごい》の乏しさを物語るだけだろう。

二〇一九年三月二十六日、石崎徹《いしざきとおる》衆院議員が国会内で記者会見を開き、石破派からの退会を発表した。会見で石崎は、「派閥にとらわれることなく政策課題に取り組みたいとの思いが強くなった」と退会の理由を語り、表向きは石破への批判を控えた。しかし裏では、「石破さんは、なぜ政権批判しかしないのか。もう、ついていけない」と本音を語っていた。

何でもかんでも安倍政権の批判につなげる節操のない姿勢には、石破派内でも不満が溜まっている。石破は、ことあるごとに「私は総裁選で四五％の党員票を獲得したんだ」と胸を張る。ところが二〇一八年九月の総裁選以降、石破派はただの一人もメンバーを増やすことができていないどころか、石崎の離脱によって十九人となり、今後の総裁選出馬に必要な推薦人の数（二十人）すら満たせなくなったのだ。

同じ共同通信の世論調査で、安倍内閣の支持率は、前月から約九ポイント上げ五一・八％と急上昇した。自民党幹部は「石破は完全に終わった。次の総裁選では泡沫《ほうまつ》候補でしかないだろう」と語る。石破は、もはや令和の時代には必要とされない政治家なのだろう。

維新は高笑い・大阪W選の勝因・敗因

新元号発表から一週間も経たない二〇一九年四月七日――大阪には〝維新旋風〟が吹き荒れていた。

大阪府知事選では吉村洋文《よしむらひろふみ》前大阪市長、大阪市長選では松井一郎《まついいちろう》前大阪府知事が、それぞれ自民党が推薦する候補に圧勝した。それだけではない。「大阪維新の会」は大阪府議選で議席の過半数を奪還し、大阪市議選でも過半数まであと一歩と迫る大躍進となった。

なぜ、自民党はここまで大差をつけられ敗北したのか。

ある維新幹部は「相手陣営は、本当は維新を応援してくれたんじゃないか」と自民党大阪府連を揶揄《やゆ》した。確かに、候補者選びの段階から府連の迷走は始まっていた。

三月十日、新聞各紙にはこんな見出しが躍った。

「大阪ダブル選挙で、自民党が俳優の辰巳琢郎《たつみたくろう》氏に知事選候補として出馬要請」

候補者選びを担う自民党府連幹部によると、二階俊博《にかいとしひろ》幹事長が八日に東京都内で辰巳氏と会談し、出馬を要請したというのだ。党本部の幹事長がわざわざ面談し擁立に動いたのだから、誰もが辰巳氏の出馬はもう決まっているのだろうと思った。しかしその夜、辰巳氏は自民党の申し出をあっさり断る。そして、フェイスブックにこんな書き込みをする。

「(私は)大阪都構想にも、当初から関心を寄せてきました。きちんと勉強しているんですよ。ですから、今回のW選そのものへの批判はあれ、大きな意味では支持しています。大阪を再び分断しての真っ向対決というのには、当初から違和感を覚えていました」

つまり辰巳氏は、大阪都構想の実現を求めてダブル選挙に打って出た松井氏らを支持していたのだ。そんな人物に、わざわざ幹事長を会わせるという自民党大阪府連のセンスのなさが露呈した。

結局、二転三転して府連は候補者を揃えるが、その候補に立憲民主、国民民主、公明、共産の各党が支援を表明。自民から共産党まで一体となっての選挙活動を展開した。辻元清美が自民党推薦候補を応援する悪い冗談のような光景が、大阪の保守層の自民離れを加速させる。維新側は「おいしい展開やな」とニタッと笑った。徹底した「野合批判」を繰り広げることができたからだ。

敗北を受け、大阪府連は「官邸に後ろから鉄砲で撃たれた」と八つ当たりに走った。しかし実際には、安倍も菅も鉄砲など撃っていない。菅は周辺に「共産党と組んだら、自民党支持層が離れるのは当たり前だ」と語り、府連の対応に呆れていた。官邸は、国政で激しく対立する立憲民主党や共産党とまで組む大阪府連の戦いを、冷めた目で静観していただけだ。

橋下徹は「公明党を壊滅させる」と息巻いた

この結果に一番慌てたのは、自民党と連立を組む公明党だ。

これまで公明党は、衆院選挙で維新と協力体制を敷き、公明党が候補を擁立する大阪・兵庫の六選挙区に維新は候補を立てないでいた。しかし今回、公明党は大阪都構想に真っ向から反対し、維新との対立は決定的となった。

テレビ番組に出演した橋下徹《はしもととおる》氏は息巻いた。

「維新の候補を公明党の六選挙区全部に立てていく。エース級のメンバーが準備できている。戦闘態勢に入っている」

公明党と維新の候補が対決すれば、北側一雄《きたがわかずお》副代表ら大物議員が続々落選する事態となる。

そして、こう続けた。

「今はこれが第一幕で、第二幕は公明党を壊滅させる、というところまでやりますから。そうすると、日本の政治構造も大きく変わります。自民党との協力がね、公明党じゃなくてもしかすると維新となって、憲法改正のほうに突入していくと」

自民党が公明党を切り、維新と連立を組み、憲法改正を目指す可能性に言及したのだ。

改憲向けての思惑通りの結果となりしか

公明党側はどう対応するのか。

実は、公明党の支持母体である創価学会内には、すでに事態の収拾に向けての動きが始まっている。

今回の大阪での公明党の選挙を取り仕切っていたのは、関西創価学会の責任者たち。一方で、菅官房長官に近く創価学会の選挙全体を担当する佐藤浩副会長は、安倍や菅と同じく大阪での選挙にはあえてタッチせず、大阪以外の選挙に注力していた。佐藤副会長は、実は橋下や松井とも信頼関係が厚く、今回の選挙に当たっても連絡を密に取っている。佐藤は敗北を事前に予想し、その後どのように事態を収めるかまで戦略を練っていた。

つまり今回の敗戦を受けて、創価学会本部の佐藤が橋下や松井との手打ちに乗り出すべく、学会内では準備が進められているのだ。その際、公明党・創価学会としては、維新が目指す都構想を大筋で呑むという大幅な譲歩は避けられない。

しかし、それだけでは収まらない。維新にとっての党是である憲法改正についても、これまで以上の協力姿勢を公明党として打ち出すことが検討されており、公明党の政策の大転換すら俎上《そじょう》に載ってきているのだ。

憲法改正を目指す安倍総理にとっては願ったり叶ったりの展開だろう。二〇一九年春の統一地方選は、まさに官邸の思惑通りの結果だった。

第四章

辻元清美の大義なき「負け犬の遠吠え」

小沢頼み、果ては共産党頼みの国民民主。
解散風に表向きは歓迎してみせる立憲民主。
野党総崩れの中でナゼか辻元清美の
ローンウルフみたいな遠吠えが……

決められない「国民民主党」死ね

二〇一九年四月二十五日、国民民主党本部五階。四畳ほどのスペースしかないエレベーターホールには、二十人以上の記者、カメラマンがすし詰め状態になっていた。

自由党との合流について、最終的な承認を得るための国民民主党の両院議員懇談会が始まったのは午後六時半。この日までの三カ月あまり、合流についての党内協議はあらゆるレベルで重ねられ、もう逆戻りできないことは明らかだった。集まった記者たちは誰もが、どんなに長くとも一時間もあれば結論は出されると思い、玉木雄一郎代表の記者会見が始まるのを待ち構えていた。

しかし、待てど暮らせど会議は終わらない。深夜零時を過ぎると、若い女性記者が貧血を起こしたのか、その場にしゃがみ込む。そして、小さくつぶやいた。

「国民民主党、死ね」

結局、会議が終わったのは、なんと午前一時十一分。疲労困憊《こんぱい》し、土気色の顔をした玉木代表が、自由党の小沢一郎代表とともに記者会見を行い、自由党を解党し国民民主党に合流することをようやく発表した。

会議に出ていた国民民主党の若手議員は、こう毒づいた。

「政治家なんだから、最後は決断すれば良いだけなのに、それができない。決められない旧民主党の体質は、まったく変わっていない」

〝小沢神話〟にすがる玉木の怯え

六時間半にわたって、国民民主党の議員達は一体、何を話し合っていたのか。マスコミを排除して行われた両院議員懇談会の全貌を入手して判明したのは、野党議員たちの驚くべき本音だった。

そもそも、この両院議員懇談会が紛糾した最大の要因は、二〇一九年夏の参院選における岩手選挙区をめぐる問題だった。

小沢との確執を抱える階猛《しなたけし》衆院議員（岩手一区選出）が、岩手選挙区で小沢らが決めた候補とは異なる候補を擁立するよう主張。それが認められなければ、離党も辞さないと迫ったのだ。つまり、政党同士の合流にあたって障害となったのは、理念でも政策でも国家観の違いでもない。たった一つの選挙区をめぐる、単なる意地の張り合いだったのだ。

両院議員懇談会が始まると、階《しな》はさっそく合流反対の声を上げた。

「自由党と統一会派を組んでも支持率が上がったということはない。過去にもあったように、小沢さんが仲間を連れて行って国民民主党を出て行くということになれば、党の分裂につながる。そういうリスクを上回るだけのメリットが、この合流にあるのかが本質的な問題だ」

これに対し、玉木は目に涙を浮かべながら必死で説得する。

「メリットは私たちで作っていきましょう。野党がバラバラのままで、衆議院選挙や参議院選挙を迎えたら大変なことになります。参院選の広島選挙区に自民党は二人目の候補を立ててきました。自民党は簡単に野党をやっつけられると思っているんです。悔しいじゃないですか。でも、野党がまとまりさえすれば絶対に勝てるんです」

この頃、玉木は周囲に「もしかしたら安倍総理は六月初めにも解散をして、参院選の前に衆院選をやるかもしれない」と漏らすなど、解散権をちらつかせる官邸の影に怯《おび》えきっていた。だからこそ、党内外から何と言われようとも、選挙に強いという〝小沢神話〟にすがろうとしていたのだ。

「代々木を頼るしかない」

小沢にしがみつこうとしていたのは、玉木だけではなかった。衆議院愛知十一区選出の中堅議員である古本伸一郎《ふるもとしんいちろう》は、挙手して発言の機会を得ると、右手の拳を固めたまま本音を吐露した。

「核心に触れさせていただきます。連合が各小選挙区で万の票を出せますか。出せないですね。自民党にとって公明党は万の票を出す同志ですよね。じゃあ、野党にとって各小選挙区で万の票が出せる同志はどこですか。〝代々木〟しかないですよ。〝代々木〟は今回、どういう選挙計画を立てているのですか。我が党に電話一本で志位委員長と飯を食える人、何人いますか」

代々木とは、もちろん共産党を示す符牒《ふちよう》だ。古本は元トヨタ自動車社員で、同社では全トヨタ労働組合連合会やトヨタ自動車労働組合で専従の職員を務めたほどの、生粋の組織内議員だ。票もカネも組合の丸抱えで六回も衆院選で当選してきた古本が、公然と連合の集票力の低下を認め、共産党との連携を訴えたのだ。

古本は、小沢が持つ共産党とのパイプがなければ選挙には勝てないと強調する。

「とにかく選挙を勝ち上がるというただ一点においては、小沢先生の持っておられる潜在能力を最大限活かさないといけない。つまり、選挙区調整です。やはり〝代々木〟に候補者として一万五千票とっていかれたら、受かる先生も受からない。これをいつまで繰り返すんだと思います。自民党は各選挙区で公明党の一万五千票が乗る。うちらは代々木の一万五千票が減る。プラスマイナスで三万票のビハインドの中で、衆議院で勝ち上がっている先生はもうミラクルに近いですよ」

小沢に共産党との交渉役を担ってもらい、各選挙区で共産党に候補を降ろすように調整してもらおうというのだ。この発言に、居並ぶ多くの議員が我が意を得たりと大きく頷《うなず》いた。選挙に受かるためなら、反共の旧民社党系の自動車総連などの支援を受けてきた人間でさえ、共産党にも魂を売る。これこそが、今の野党議員の本質を象徴する発言ではないだろうか。

結局、会議では選挙に怯える議員らの悲痛な訴えと小沢に対する階の批判が際限なく繰り返され、代表である玉木は一切のリーダーシップを放棄したかのように決断を避け続けた。深夜になってようやく、幹事長の平野博文が「もし、うまくいかなかったら自分が腹を切るから任せてほしい」と頭を下げたことで多数決による採決が行われ、賛成多数で合流が承認されたのだ。

「衆参ダブル選挙」を覚悟して維新と妥協した公明党……

当時、永田町には解散風ならぬ〝ダブル風〟が吹き荒れていた。一体、なぜか。

実はこの頃、安倍総理は周辺に対し「ダブルをやってみたい」と度々その願望を口にしていた。安倍の選挙にかける思いには、人一倍特別なものがある。参院選で歴史的な敗北を喫して首相を退陣した二〇〇七年九月の苦い思い出は、今も安倍の脳裏から離れることはない。任期の最後となるだろう二〇一九年夏の参議院選挙は、安倍にとって集大成となるリベンジの機会なのだ。

こうした安倍の強い思いが、直接・間接的に与野党議員に伝わり、夏の参院選に合わせた衆参ダブル選挙をめぐる疑心悪鬼が永田町で一気に拡散していたのだ。

安倍の最側近である菅義偉官房長官は、ダブル選挙について一貫して「やる必要がない」と慎重な姿勢だった。しかし、その菅もその頃の記者会見で「総理がやると言えばやる」と言い方を変化させていた。安倍に最も近い場所にいる菅が、安倍の思いを知らないはずはない。

ダブル選挙のもう一方のブレーキ役と言われてきたのが、公明党とその支持母体の創価学会だ。同日選挙になれば投票用紙の数が増え、高齢となった学会員には複雑になりすぎる。公明党・創価学会は「ダブルには反対」というのが、これまでの永田町の定説だった。

そこに、今回は「維新」というファクターも加わった。大阪都構想をめぐり公明党と対立した松井一郎大阪市長は、次の衆院選の大阪・兵庫の六選挙区で、日本維新の会から公明党に対し強力な対抗馬を立てると明言。公明党にとってこの問題を解決しなければ、「常勝関西」と言われてきた六選挙区で全滅するのではないかとも指摘されていたのだ。

しかし、事態は水面下で急スピードで動いた。創価学会で選挙を取り仕切る佐藤《さとう》浩《ひろし》副会長が二〇一九年五月初旬に極秘裏に松井と会談し、都構想への全面協力を約束することで手打ちを行ったのだ。これで、関西の六選挙区で維新と競合することもなくなった。

さらに創価学会内では、ダブル選挙を見越した準備も着々と進められていた。六月には、都内で衆参ダブル選挙に向けた選挙活動をキックオフさせるための大規模な集会が予定されていた。つまり、安倍の思いを汲《く》んだ学会幹部らは、すでにダブルを容認する方向へと舵を切ろうとしていたのだ。

「ダブル選挙歓迎」の立民・枝野の本音とは

こうした動きは、断片的に野党第一党である立憲民主党の代表、枝野幸男の耳にも入り始めている。慌てた枝野が行ったのが、他の野党各党との党首会談だ。連休前に、枝野は玉木や共産党の志位委員長と相次いで会談し、参院選の一人区での候補者一本化を進めるとともに、衆院選の小選挙区での候補のすみ分け作業を進めることで合意したのだ。

枝野は、記者会見などでたびたび、「ダブル選挙は、我々としては歓迎するところだ」と強気の発言をしていた。その本音はどこにあったのか。

立憲民主党の幹部はこう解説する。

「枝野が一番恐れているのは、自分の責任を追及されること。野党第一党としては、政権選択選挙である衆院選があれば、通常は過半数を取ることが勝敗ラインとなる。しかし〝ダブル選挙という緊急事態だった〟という言い訳が成り立てば、過半数を取れないまでも、自党が議席を増やせさえすれば責任問題とはならない。ましてや、低支持率にあえぐ国民民主党とは大きく差を付けることができる。だから、枝野はダブルをやってもらいたいのだ」

そもそも、枝野は最初から政権交代など目指してはいない。枝野は別の党幹部にこう漏らしている。

「カネがかかるから、勝てない選挙区に候補を立てるのはやめる。衆院の小選挙区は全部で百五十人くらい候補を立てれば十分。他は国民民主党や共産党が立てれば良いんだよ。うちは確実に勝てそうなところにしか立てない」

枝野の強気の発言の裏で、立憲民主党は深刻な資金不足に陥《おちい》っていた。枝野はことあるごとに「うちにはカネがない」とぼやき、百億円もの内部留保金を持つ国民民主党を妬《ねた》んでいた。銀行に金を借りようと思ったが、担保がないために断られたという話も出回っているほどだ。だから、慌てて〝小選挙区のすみ分け〟を行うために、各党との党首会談を開く必要があったのだ。

その理由はどうあれ、二百八十九ある衆議院の小選挙区のうち、野党第一党が過半数をわずかに上回る百五十選挙区にしか候補を立てないというのだから、政権交代など夢のまた夢だ。しかも枝野らは現在、ダブルに備えて衆院選小選挙区の候補者の選定作業を進めているが、名前が挙がるのは、かつての民主党・民進党時代に落選した候補者達ばかりだという。「がらくたのリサイクル」と揶揄《やゆ》されても仕方がない。

〝CM規制〟を人質に

こうした野党各党の惨状も、安倍総理がダブルに踏み切りたい誘惑に駆られる原因の一つなのだろう。二〇一九年五月九日、安倍総理の宿願である憲法改正をめぐって約一年三カ月ぶりに衆議院の憲法審査会での審議が再開された。しかし、その実態はとても〝進展〟とは言えるものではなかった。

与党側は憲法審査会で、まずは洋上投票の対象を広げたり、期日前投票所の投票時間を柔軟に設定できるようにしたりする国民投票法改正案の審議・採決を求めていた。これは公職選挙法の改正にともなうもので、有権者の利便性向上のため反対する党は一つもない。与党としては、一日も早く改正案を成立させた上で、本丸の憲法改正の議論に入りたい意向だ。

ところが、野党側は新たな戦略で、妨害工作を進めようとしていた。

国民投票法は、投票の十四日前から賛否の投票を促すテレビＣＭを禁止している。しかし、それ以前のＣＭについて規制はない。立憲民主党や国民民主党は資金力のある政党や団体が大量のＣＭを流すことの影響を懸念し、ＣＭの量的な規制の必要性を主張しているのだ。九日の憲法審査会では、野党側は、表現の自由を盾に自主規制を拒む日本民間放送連盟の幹部らを責め立てた。

このＣＭ規制について、議論の必要性があることは否定しない。しかし、驚くことに立憲民主党幹部は、このＣＭ規制の問題が解決しなければ、与党が提案している国民投票法の改正案の採決にすら応じないというのだ。立民・辻元清美国対委員長は、憲法審査会の直後の代議士会で白々しくもこう言い放った。

「質疑をすればするほど、ＣＭ規制については奥の深い問題だということが分かりました。インターネットの広告についてはどうするのか、フェイクニュースの対策をどうするかとか、これだけでもかなりの時間が必要だなと思っています。安倍総理は、また五月三日にぺらぺらとしゃべっていましたね。なんだか二〇二〇年にも憲法改正を行うとか。顔を洗って出直してこい！」

つまり、今後、憲法審査会の場において、立憲民主党は延々とこのCM規制について議論を行うというのだ。そうすれば、審議拒否との批判を受けずに、実質的に憲法改正の議論を先送りできるという狙いなのだ。

安倍総理がダブル選挙に踏み切るには「大義がない」という批判の声もあった。しかし、こうした野党の無駄な時間稼ぎを容認するのか、それとも我が国の根本規範である憲法についての真剣な議論を促すのか。その是非を国民に問うことは、十分な「大義」となるはずだった。

ところが、六月に金融庁のワーキング・グループが公表した報告書が、いわゆる「老後年金二千万円問題」を引き起こす。夫婦の老後資金に二千万円が必要との試算を盛り込んだ報告書。本来は老後に向けた投資を呼びかけるのが主目的のものだったが、野党側は「年金が百年安心というのはウソだった」と一斉に反発。辻元は「安心安心詐欺だ。これが参院選の最大の争点だ」と攻め立てたのだ。世論調査で「年金制度に不安を感じる」との声は八割を超えるまでとなった。

結局、これが政権にとって大きな誤算となり、安倍総理は〝ダブル〟断念に追い込まれる。野党の〝レッテル貼り〟攻撃が奏功してしまったのだ。

第五章

決戦前夜——
枝野幸男のカラオケ独占タイム

「市民連合」という名の偽装集団を
媒介にして「野党共闘」に方針転換した
立憲民主党——されど、その実態は
ただの「共産党頼み」でしかなかった

悪夢の枝野誕生日会――首相が無理ならNHK紅白出場か

二〇一九年五月三十一日夜、六本木の雑居ビル二階にあるバーは貸し切り営業となっていた。午後八時を迎えた瞬間、カラオケのイントロが会場に響き始める。曲は、女性コーラスグループ「Little Glee Monster」の『明日へ』。部屋を仕切っていた深紅のカーテンが左右に開くと、現れたのはマイク片手に熱唱する立憲民主党代表・枝野幸男だった。

この日は、枝野の五十五回目の誕生日。会場に駆けつけていた〝枝野番〟の新聞記者や役人など五十人ほどが拍手喝采で迎えると、枝野は得意満面で手を振った。しかし、参加者にとって、これは悪夢の始まりでしかなかった。

枝野は、誕生日会の幹事となった記者に対し、事前に自らが歌う曲目と、その順番まで細かく指示していた。合唱部出身だけに、声量のあるその歌は下手ではない。しかし、ＡＫＢ48や乃木坂46といった女性アイドルの曲を続けざまに、目をつぶり恍惚《こうこつ》の表情を浮かべながら歌う姿には、会場に集まった記者や役人も苦笑をこらえて手拍子を続けるしかなかった。

結局、枝野のスター気取りのワンマンショーは、自ら事前に指定しておいたアンコール曲も含め、十曲に及んだ。素人の歌を二時間半にもわたって聴かされるのだから、ハラスメント、いや、拷問以外の何ものでもない。

そんなことはつゆ知らず、誕生日会の最後に枝野はＮＨＫの記者に向かって、うれしそうに叫んだ。

「おいＮＨＫ！　来年は私を紅白歌合戦に出せ！」

〝勘違い男〟枝野

立憲民主党のベテラン議員は、こうした枝野の言動について頭を抱える。

「枝野という人間は〝勘違い男〟なんだよ。仲間とカラオケに行っても、マイクを離さず一人で歌い続ける。『周りの人たちは、自分の歌を聴けて喜んでいる』と思い込んでいる」

　枝野に友達がいないのは有名な話だ。彼の勘違いがカラオケにとどまっているのなら、一笑に付すこともできる。しかし、ベテラン議員はこう続ける。

「問題なのは、枝野の時計の針が、一年半前で止まっていること。〝枝野立て〟とのネット上での声に後押しされて、衆院選のわずか三週間前に立憲民主党を作った枝野は、議席を三倍以上に躍進させ、突如、野党第一党の党首となった。でも、あの時は、小池百合子都知事の『希望の党』による〝排除〟があったから、判官贔屓《びいき》の風に乗っただけ。別に立憲民主党や枝野の主義主張に共感したわけでも何でもない。ところが、枝野は今でも自分には〝人気がある〟と勘違いしているんだよ」

　その枝野はこの一年半あまり、徹底した「単独主義」を貫いてきた。「野党で大きな塊《かたまり》を作るべき」と秋波を送り続けた国民民主党代表・玉木雄一郎らを無視し続け、自らを排除した国民民主を壊滅させる〝内ゲバ〟に心血を注いできた。

　しかし、「私は『野党共闘』という言葉は使わない」「政策の一致なき数合わせはしない」と高らかに宣言してきた枝野に異変が起きる。五月二十五日、さいたま市内で開かれたオープン・ミーティングで、参加者から「他の野党との連携に後ろ向きだ」と批判されると、枝野は感情むき出しに反論した。

「『野党共闘』に一番積極的なのは、枝野幸男だ。参院選の三十二の選挙区のほぼすべての一人区で（野党候補に）一本化し、与党との一騎打ち構造を作るため、先導したのは私だ」

百八十度の方針転換に、質問者も唖然《あぜん》とする。一体、枝野のいう〝野党共闘〟とは何なのか。

偽りの野党一本化

二〇一九年六月十三日、国会の常任委員長室で立憲民主党・国民民主党・共産党・社民党・社会保障を立て直す国民会議の野党五党派の幹事長・書記局長が記者会見を行った。立憲民主党幹事長・福山哲郎は五党派を代表し、「参院選の全国に三十二ある一人区すべてで、野党候補を一本化することができた」と胸を張って発表したのだ。

しかし、後日、国民民主党幹部は呆れながら、かぶりを振った。

「候補を一本化したのではないですよ。候補者が一人になっただけです」

実は、官邸から衆参ダブル選挙をちらつかされた枝野は、大慌てで選挙資金のための金策に走った。立憲民主党は致命的な〝金欠〟で、衆参の選挙区に候補者を擁立する金がなかった。

野党第一党としてダブル選挙で過半数の選挙区に候補を立て、選挙活動をするには最低でも数十億円の金が必要になる。しかし、銀行からようやく借りられたのは十億円ほどだったという。

こうした状況に、枝野は節操もなく前言をひるがえして方針を急転換。枝野にとってタブーだった〝野党共闘〟に走ったのだ。

結局、野党各党は調整の上で、各選挙区で候補を一人に絞ったものの、その本音を探ると、立憲は国民民主の候補を応援する気はないし、国民民主にも立憲の候補を応援する気などさらさらないことが分かった。それどころか、二人区である静岡選挙区で国民民主の現職候補（榛葉賀津也《しんばかづや》）に対し、立憲が土壇場になって対抗馬の新人候補（徳川家広）を擁立したことで、国民民主側は「こうなったら立憲とは全面戦争だ」と激怒。その溝は深まるばかりだった。野党共闘は、まさに絵に描いた餅なのだ。

〝偽装する〟共産党

一方、この野党共闘を、諸手《もろて》を挙げて歓迎したのは日本共産党だ。二〇一六年の参院選では、旧民進党などとの調整に失敗し、共産党の独自候補は、たった一つの選挙区にしか立てられなかった。

しかし、今回は「福井」「鳥取・島根」「徳島・高知」という三選挙区・五県で共産党の独自候補への一本化を勝ち取ったのだ。そして、あろうことか共産党は「鳥取・島根」と「徳島・高知」においては、共産党籍がある候補者であるにもかかわらず、「無所属候補」として選挙戦を戦うことを決定したのだ。

共産党書記局長・小池晃はその理由について、記者会見で平然とこう言い放った。

「地元から『無所属候補にしてもらえると戦いやすい』という要望があったので、検討の末、『無所属』とした。選挙で勝利をするための判断だ」

共産党の候補者でありながら、共産党の看板を隠し〝無所属〟として選挙戦を戦う。そして、勝てば共産党所属の国会議員になるというのだから、有権者を欺《あざむ》く行為に他ならない。

共産党の〝偽装〟はこれだけではない。二〇一九年六月四日付けの共産党の機関誌「しんぶん赤旗」は、委員長・志位和夫へのインタビュー記事を掲載した。その中で、志位は驚くべき発言をしている。

「私たちは、憲法にてらして女性・女系天皇を認めることに賛成です。多様な性をもつ人々によって構成されている日本国民の統合の象徴である天皇を、男性に限定する合理的理由はどこにもないはずです」

長年、「天皇制の打倒」を掲げてきた共産党は、「二〇〇四年綱領」で「天皇の制度は憲法上の制度であり、その存廃は、将来、情勢が熟したときに、国民の総意によって解決されるべきもの」と明記。ソフト路線への方針転換を図ったが、「天皇制の廃止」から完全に転向したわけではない。こうした中、今回の「女性・女系天皇」容認発言は、野党共闘をきっかけに、見せかけのソフト路線に拍車をかけることで、無党派層を取り込もうという意図が透けて見える。

野党共通政策の偽装工作

これまで見てきたとおり、参院選に向けての〝野党共闘〟は選挙対策のためだけの〝野合〟でしかない。公明党の石田《いしだ》祝稔《のりとし》政調会長は「基本政策が一致していなければおかしく、特に安全保障政策で本当に一致しているのか問われなければならない。木に竹を接《つ》ぐようなことはできない」と野党共闘を批判した。しかし、実はこうした批判をかわすための巧妙な仕掛けが隠されていた。

二〇一九年五月二十九日、野党五会派の党首は〝市民連合〟との政策協定調印式に臨んでいた。参院選に向け〝市民連合〟が要望した十三項目の政策に、野党の共通政策として各党首が署名したのだ。

〝市民連合〟とは、正式には「安保法制の廃止と立憲主義の回復を求める市民連合」。

この団体について、公安関係者はこう指摘する。

「中には一部、善意の市民活動家もいるが、大多数のメンバーは共産党員や共産党支持者。間違いなく共産党系の団体である」

野党五会派は「単なる数あわせの野合」との批判をかわすため、〝市民連合〟とそれぞれ政策協定を結び、「政策は一致している」と説明できる状況を作ったのだ。では、野党各党が市民連合と一致した十三項目の政策は、どんなものなのか。

①安倍政権が進めようとしている憲法「改定」とりわけ第九条「改定」に反対し、改憲発議そのものをさせないために全力を尽くすこと。
②安保法制、共謀罪法など安倍政権が成立させた立憲主義に反する諸法律を廃止すること。
③膨張する防衛予算、防衛装備について憲法九条の理念に照らして精査し、国民生活の安全という観点から他の政策の財源に振り向けること。

最初の三項目を見るだけで、その異様さが際立つ。「安倍政権による憲法改正に反対」という反対のための反対。安保法制の成立によって、北朝鮮によるミサイル発射に対する日米の連携が緊密化した事実などまったく無視して、その廃止を求める。あげくの果てには、防衛予算を削減して、他の政策の財源に振り向けよとの主張だ。

これに続く項目でも、「原発ゼロ」「消費税率引き上げの中止」「最低賃金千五百円」など、およそ無責任な政策要望が列挙されている。

共産党・小池書記局長は、この十三項目について「野党五党派の共通政策だ。この内容で十分、政権は構成できる」と連立政権樹立にまで言及した。しかし、立憲民主党幹部は「あれは政策協定ではない。単に市民連合の要望を重く受け止める、ということだけだ」と釈明する。また、国民民主党幹部は「あれは受け取ったという署名で、宅急便の受け取りのサインをしたようなものだよ」と悪びれもせずに、開き直った。

つまり、立憲や国民民主にとっては、この共通政策を表向きは呑むというポーズを見せることで〝野合批判〟をかわしつつ、各選挙区で共産党や共産党支持者らの支援を得ようという計算が働いているのだ。

共産党に忖度して負けた野党の自業自得

二〇一九年六月十六日、菅義偉官房長官は秋田市内での講演で、「野党は、『一人区は全部〝野党共闘〟で戦う』と言っている。しかし、安全保障はどうするのか。共産党は『日米安全保障条約破棄、自衛隊は解散』だ。こうした人たちに日本を任せることはできない」と発言した。野党の偽装を突く指摘だ。菅氏は周辺に対し、「今回の選挙戦では、共産党と組む各野党の矛盾こそが、最大の争点だ」と話す。

参院選に向け、野党第一党・立憲民主党が擁立した新人候補は、約四割が女性で、LGBTや女子アナウンサー、美人弁護士、元国連職員、筆談ホステスなど、見た目が良く古い政治の垢《あか》がついていない清新な印象を与える候補が並ぶ。しかし、その華やかな容姿や肩書きも、〝共産党頼み〟という野党の実態を覆い隠すための〝偽装〟なのではないかと疑いの目を向けたくなる。

何かあれば「忖度だ、改ざんだ、偽装だ」とバカの一つ覚えのように政権批判を繰り返す野党こそ、正直に、正々堂々と国民に向き合うべきではなかったのか。

共産党の「組織票」欲しさに、共産党の政策に忖度して野合したために、野党は夏の参議院選挙に負けることになる。自業自得というしかない。

第六章

〝枝野ガールズ〟の生存率はミゼラブルすぎる

ポスター貼るだけで勝てると思った？
アナウンサー、美人弁護士、
ＬＧＢＴ活動家……見た目と肩書だけで
勝てるほど選挙は甘くなかった!?

常勝将軍

二〇一九年七月七日、参院選の公示後、初めての日曜日の午後。兵庫県神戸市の最大の繁華街にある大丸神戸店の前には、二千人を超える人だかりができていた。事情を知らない通行人の男性が、群衆の一人に「誰か来るのですか?」と訝《いぶか》しげに尋ねる。すると、五十代くらいの女性が満面の笑みで、右手に持っていた団扇《うちわ》を男性の顔の前に掲げた。ジャニーズのファンがコンサートに持参するような、キラキラに飾り付けられた手作りの団扇には「山口那津男」の文字が。

「なっちゃんよ!」

女性がうれしそうに答えると、男性は気まずそうに交差点を駆けるように渡っていった。

この日は、兵庫選挙区に公明党が擁立した高橋光男候補の応援に、代表の山口那津男が駆けつけていた。午後四時から始まった街頭演説で山口は、「高橋は現状で四番手、このままでは落選する」と聴衆の危機感を煽《あお》った。

その様子を、少し離れた路上から眼光鋭く見つめる男の姿があった。男の名は佐藤浩。創価学会副会長である。

佐藤は、創価学会で青年部長や男子部長を歴任し、その手腕を買われ、三十代の若さで当時の池田大作会長に副会長に抜擢《ばってき》された。現在の創価学会会長、原田稔からも絶大な信頼を得ており、公明党の選挙は実質、佐藤がすべて取り仕切っている。

佐藤が官房長官の菅義偉と気脈を通じていることは有名な話だが、佐藤の選挙は与野党にまたがる幅広い人脈を駆使し、公明党の戦いを有利に運ぶための戦略を綿密に練り上げていく。創価学会のネットワークを活かした情勢調査に基づく緻密な選挙分析もその武器だ。佐藤の独自の票読みは百票と狂うことはなく、学会内で佐藤は、いつしか〝常勝将軍〟と呼ばれるようになっていた。

その佐藤は、参院選の期間中、兵庫県内を拠点にして陣頭指揮を執っていた。参院選の直前に創価学会が行った情勢調査で、公明党にとって衝撃の結果が出たからだ。

「十七万票足りない」

三年前の参院選、定数が三に増えた兵庫選挙区で、公明党は初めて候補者を擁立。自民党、日本維新の会と並んで、議席を確保することに成功した。

しかし今回の選挙、兵庫選挙区では、自民と維新に加え、立憲民主党がフリーアナウンサーの安田真理を擁立した。事前の調査で、公明党候補の高橋は、安田に続く四番手に甘んじていることが分かった。しかも、その票差は十七万という逆転不能とも思える大差だったのだ。

切り札は〝令和おじさん〟

公明党にとって、支持母体である創価学会の会員を総動員して臨む選挙において、負けは決して許されない。ましてや、二〇二〇年は創価学会創立九十周年、池田名誉会長の会長就任六十周年という創価学会にとって記念すべき年。その前に参議院で過去最高の議席を確保することが必須だった。十七万という大差をひっくり返すため、佐藤は、起死回生の手を打つことを決意する。

まず、約三千人いる公明党の地方議員全員に、「兵庫選挙区に入り、徹底して票を掘り起こすこと」を命じた。公明党だけではない。公明党の推薦を受けている自民党の代議士に対しても、最低一度は兵庫に入り、企業や団体まわりを行うよう要請した。そして、切り札は〝令和おじさん〟として、当時人気が沸騰し、もっとも街頭で人が集められる菅だ。佐藤の要請を受けた菅は三度も兵庫に入り、公明党の高橋を応援したのだ。

それだけではない。港湾業界に睨《にら》みが利く菅は、日本港運協会会長を高橋の後援会長に就け、自民党を支持してきた一部の企業や団体の票を高橋に回させた。

こうした菅の姿勢に自民党内からは「公明党に気を遣いすぎている」と反発の声も上がる。しかし、菅は周辺に対し、こう憤《いきどお》った。

「全国に三十二ある一人区では、そのすべてで自民党は公明党の支援を受けているんだ。俺が兵庫で動かなければ、公明党だって自民党のために動かない。俺はすべて自民党のためを思って動いているということを分かっていない奴が多すぎる」

見返りは一人区だけではなかった。菅の兵庫での動きに呼応するように、北海道、千葉、広島などの複数区において、当選ラインまで届いていなかった自民党の二人目の候補を押し上げるべく、それぞれの地元の公明党支持者が動き始めたのだ。つまり、兵庫での選挙協力をテコに、全国における自公の連携が強力に進み始めたのだった。

苦戦する〝枝野ガールズ〟

実は、公明・山口代表が大丸神戸店前で街頭演説を行う三時間前、まったく同じ場所で演説を行った候補がいた。公明党が最大のライバルと見る、立憲民主党の候補・安田真理だ。ある公明党関係者が偵察に行くと、そこには異様な光景が広がっていたという。

「まったく人を集められていなくて驚きましたよ。立ち止まって話を聞いているのは支援者の数人。その周りで、共産党員とみられる高齢の男性が安田のビラを配っていただけでした」

安田はNHK富山放送局や石川テレビで勤務した四十一歳の元女子アナウンサー。

兵庫には何の縁もゆかりもない、いわゆる落下傘候補だ。安田は演説でひたすら「女性の声を政治に届けたい」と訴えるものの、具体的な政策など一切無し。「辺野古の埋め立てに反対するために立候補を決意した」と言われても、兵庫県民には響きようがない。

地元の自民党関係者はこう解説する。

「もともと兵庫は日教組や自治労、鉄鋼や造船などの強力な組合が存在し、野党を支援してきた。それが、今回は立憲の枝野（代表）や福山（幹事長）に、落下傘候補を押しつけられ、それに反発した連合が、まったく動いていない」

なぜこんな候補者を擁立したのか。立憲民主党代表の枝野幸男は二〇一九年の春、党内で自慢げに解説していた。

「参院選というのは、選挙活動なんて必要ないんだよ。ポスターを貼るだけで勝てる候補を出せば良い。京都の増原裕子も、大阪の亀石倫子も、兵庫の安田真理もポスターを貼っただけで勝てる最高の候補なんだよ」

この言葉が示すように、枝野はルックスや肩書きだけは華やかな、自分好みの〝枝野ガールズ〟を次々に各地に擁立していく。しかし、その結果は苦戦続き。中身のない落下傘候補たちへの連合や一般有権者の反発を、枝野は完全に見誤っていたのだ（結局、兵庫では維新、公明、自民の候補者が順に当選。安田は四位落選。増原裕子も自民、共産に負けて三位落選。亀石倫子も六位落選）。

静岡での〝内ゲバ〟

選挙戦を通じて、ミゾが深まったのは立憲と連合の間だけではない。野党第一党である立憲民主党と第二党である国民民主党は、表向きは〝野党共闘〟と協力姿勢を演じながら、実のところ参院選においても激しい〝内ゲバ〟を繰り広げていた。

国政選挙において、まず注目されるのは党幹部の〝第一声〟の場所だ。震災復興を重視する安倍総理は、公示日当日には恒例となった福島県内で第一声を上げた。では、立憲と国民民主はどうだったか。

驚くことに、立憲・蓮舫副代表と国民民主党代表の玉木雄一郎は、いずれも静岡県内を第一声の場所に選んだ。一体、なぜか。

定数二の静岡選挙区は、これまで与野党で議席を一つずつ分け合う無風区だった。こんな選挙区で、野党幹部が第一声を上げたことは、かつてなかった。今回、改選となるのは自民党の牧野京夫と、国民民主の参院幹事長である榛葉賀津也《しんばかづや》。前章で述べたように、ここに公示日直前になって、立憲が徳川宗家十九代目の徳川家広を擁立してきたのだ。

国民民主党幹部は苦々しい表情を浮かべ、その背景を語った。

「立憲の福山（幹事長）と蓮舫は民進党時代から、保守系に近い榛葉のことが大嫌いだった。『あいつだけは許さない』という感情だけで、榛葉に対抗馬を立ててきた。こっちだって、売られたケンカは買わざるを得ない。これで野党共闘は終わったんだよ。静岡で立憲が徳川をぶつけてきたことで、立憲と国民民主は全国の選挙区でいがみ合うことになってしまった」

立憲が候補を立てたことで、当然、自民党の牧野は余裕でトップ当選を確約されたようなもの。二位の座を立憲民主と国民民主という野党同士で争うことになったのだ。

野党を支援する連合のトップ、神津里季生《こうづりきお》会長も怒りが収まらない。公示日前日に、ツイッターで「徳川の末裔をかつての仲間に競合させてきたことには心底がっくりきました」と立憲執行部への不満をあらわにしたのだ。

結局、公示日以降も、立憲と国民民主、それぞれの党幹部が連日、静岡入りしては批判の応酬を交わす事態となった。彼らの敵はもはや与党ではなかった。あまりに子供じみた意地の張り合いが、有権者の野党への失望を広げたことに疑いの余地はない。

ルビコン川を渡り、共産党と手を握った立憲・枝野

二〇一九年夏の参院選において、立憲・枝野はある大きな決断を下していた。七月十日夜、枝野は福井選挙区で野党統一候補となっていた共産党新人候補の応援に入ったのだ。

共産党の集会が開かれたホールの壇上に上がった枝野は「立憲主義を守る、民主主義を守る、そして国民生活を守る。国民の生活を防衛するための連携を、三十二の一

人区で私たちはさせていただいています」と野党共闘の意義を強調した。

共産党嫌いを公言し、これまで共産党から強く求められても表立っての応援を避けてきた枝野が、ついに共産党候補と並んで投票を呼びかけたのだ。

これには共産党書記局長の小池晃も大喜び。集まった共産党員たちに「歴史的な演説会に参加した皆さんは幸せ者だ」と歓天喜地の叫びを上げた。

枝野は周囲に本音を語った。

「本当は共産党とは組みたくないんだけど、立憲の支持層は国民民主と組むより、共産党と組んだ方が喜ぶんだよ。どうせ政権を取るのは早くても十年後なんだからね」

選挙戦も中盤にさしかかり、野党の苦戦が伝えられたため、背に腹は代えられないと共産党にすがったのは見え見えだ。結局、政権交代など真剣に考えていないからこそ、「自衛隊解散、日米安保破棄」を主張する共産党と手を組む決断ができたのだ。しかし、国民はそんな魂胆をしっかりと見抜いていた。立憲は参院選で想定外の大惨敗を喫することになるのだ。

第七章

犬猿の二人（枝野・玉木）——
「密談」の悲惨な中身

参院選で「れいわ新選組」に票を奪われ躍起？
また枝野の豹変「野合」への長い旅が始まる？
いや、もはや立憲枝野は「オワコン
（終わったコンテンツ）」となりしか？

突然の枝野の方針転換

二〇一九年八月五日午後三時。国会議事堂三階の常任委員長室では、立憲民主党代表の枝野幸男と国民民主党代表の玉木雄一郎が並んで座り、報道カメラの頭撮り撮影に応じていた。枝野は、常日頃から「絶対に並んで写真を撮られたくない」と公言するほど忌み嫌っている玉木の横で、この日ばかりは作り笑顔を浮かべていた。急遽、枝野が申し入れた党首会談で玉木に対し、衆議院における会派を合流させることを提案したのだ。

これまで枝野は「党同士の数あわせには与《くみ》しない」「政策が違う党で統一会派を組んだり、一つの党になったりするのは野合だ」と断言し、「野党で大きな塊《かたまり》を作るべき」と主張してきた玉木ら他の野党を無視し続けてきた。そんな枝野がこの日、国民民主党に対して会派の合流を持ちかけることは、ほとんどの立憲民主党の国会議員にとっても寝耳に水だった。

これまで単独主義を貫き、党内で独裁体制を築いてきた枝野が、なぜ突然の〝方針転換〟に踏み切ったのか。そこには、枝野を慌てさせた知られざる出来事があった。

「代表選をやれ」の声を無視黙殺した枝野＆福山

二〇一九年七月二十一日に投開票された参議院選挙は、枝野にとって誤算続きの結果となった。枝野の肝いりで各地に擁立した目玉候補〝枝野ガールズ〟は、前章で述べたように、軒並み落選。国民民主党との直接対決となった静岡選挙区でも、立憲候補の徳川家広はあえなく敗退。選挙前には「最低でも十五議席は取れる」と豪語していた比例区は、たった八議席。比例票は、前回の衆院選から三百万票以上減らすという大惨敗だった。

枝野は選挙直後、周囲に対し、「テレビ各局が事前に参院選を取り上げず、選挙戦が盛り上がらなかったから負けたんだ。こんなに投票率が下がった中でも、立憲は健闘した」などと強がってみせた。

枝野だけではない。他の立憲執行部も同じように責任逃れに終始していた。国対委員長の辻元清美は、地元の大阪選挙区で女性弁護士を擁立したが、あえなく落選。選挙後、「負けたのは国民民主党が候補者を出したせいや。（国民民主党幹事長）平野の嫌がらせにやられた」と吹聴し、平気で責任を他人に押しつけていた。

こうした執行部の無責任な姿勢にしびれを切らしたのは、選挙戦を現場で戦った議員たちだった。八月二日、立憲民主党は参院選の総括をするために両院議員懇談会を開く。マスコミ非公開で行われたこの会議で、若手議員を中心に執行部への批判が噴出したのだ。

秋田選挙区で妻が候補者として戦った衆院議員の寺田学は、「自分の妻は立憲の色を一切出さないで戦ったから勝てた。立憲のイメージを変えないと、もう選挙では勝てない」と執行部に辛辣《しんらつ》な言葉を浴びせた。さらに別の議員からも、「立憲にはもう熱気はない」「完全に戦略ミスだった」などと非難の言葉が相次いだ。

若手議員の発言が落ち着くと、手を挙げたのはベテラン衆院議員の生方幸夫だった。生方は「選挙とは直接関係ないが」と前置きをしながら、ゆっくり立ち上がり言葉を続けた。

「立憲民主党ができて二年近く経つが、まだ正式な党大会もやっていないし、代表選挙もやっていない。ぜひ、やってくれ。やらないと立憲の賞味期限は切れ、影響力も薄れてしまう」

立憲民主党にはいまだに代表選をどのように行うかという規定がない。党の綱領で「草の根からの民主主義」「ボトムアップの政治の実現」を掲げながら、どこよりも「トップダウン」の閉鎖的かつ独裁的な組織運営を進めているのが立憲民主党の実態だ。党首選挙をまったくやらない公明党や共産党と「五十歩百歩」なのだ。

生方の発言は、枝野の急所を突くものだった。幹事長の福山哲郎は両院議員懇談会を締めくくる挨拶をしたが、この発言を黙殺し、さらに会議後に行われたマスコミに対するブリーフィングでも、生方の発言があったことを隠し通したのだ。これこそが、安倍政権を「隠蔽体質」と批判する野党第一党の現実である。

こうした党内の反発は、枝野にとって計算外だった。「枝野立て!」という〝草の根の声〟に背中を押され立憲民主党を作り、野党第一党にまで押し上げた自分こそがヒーロー。そんな幻想の中で生き続ける枝野にとって、党内から自分への批判など出るはずがないと思い込んでいたからだ。

立憲は旧社会党と同じになってしまった？

枝野の誤算はそれだけではなかった。立憲民主党が両院議員懇談会を開いた同じ日、国民民主党でも参院選の総括をするための全国会議員出席の会合が開かれた。国民民主党も比例区では三議席しか獲得できず、参院選は惨敗に終わっていた。このままでは次の衆院選でも勝てないことは明白で、会合に参加した議員たちは一様に不安を隠せずにいた。

非公開の会合の内容をここで再現する。口火を切ったのは比例九州ブロック選出の衆院議員、城井崇だ。

「正直言って、福岡県連は分裂寸前です。立憲民主党系の労働組合からは出入り禁止寸前の状況になっています」

静岡選挙区で、立憲が国民民主の現職候補に対して新人候補を立てた意趣返しとばかりに、国民民主は公示日直前になって立憲の現職候補がいる福岡選挙区で新人候補をぶつけたのだ。結果は国民民主候補の落選。

「無理を党本部から押しつけられて、こんな結果になりました。立憲との溝を決定的にした執行部の責任を明確にしてほしい」

そして、選対委員長代理の川合孝典は、立憲への不満をぶちまけた。

「正直言って立憲は明確に敵だ。立憲は野党共闘をやる気なんて初めからなかった。私は立憲に頭を下げるつもりは一切ない」

さらに、比例九州ブロック選出の衆院議員、吉良州司からはこんな意見が。

「立憲民主党は、はっきり言って旧社会党だ。政権を目指す政党とは、とても思えない。自民党との連立を考えるべきだと思う」

二時間以上に及んだ百家争鳴の場をまとめたのは代表の玉木だった。

「私は、立憲民主党も当時のブームはもうなくなったと思っている。それは『れいわ新選組』に移ったのだと思う。それでも目指すべき方向は、立憲民主党も含めて政権を担う塊を作ることだと思う。そのために、私は枝野代表に統一会派を作るように呼びかける」

玉木は早急に枝野と統一会派結成に向けた協議に入ることを宣言した。

枝野の謀略・深謀遠慮に激怒した玉木

玉木の決断に最も焦ったのは、誰あろう枝野だった。枝野はこの一年半あまり、「枝野が野党共闘を阻害している」とのメディアや野党内からの批判に辟易していた。ましてや参院選で敗北した今、玉木からの統一会派の申し入れを無下に断れば、また何と難詰されるか分からない。「玉木に先を越されたらまずい」――追い詰められた枝野は一計を案じる。

この夜、枝野は立憲民主党の緊急役員会を極秘裏に招集した。そこで枝野が提案したのが、冒頭に記した国民民主党との衆院会派合流構想だった。そこには枝野の深謀遠慮があった。

会派とは、国会内で活動を共にする議員のグループで、通常は政党ごとに構成される。玉木が提案しようとしている「統一会派」とは、既存の二つの会派をいったん解消した上で、新たな会派を作ることだ。つまり、政党同士の〝対等合併〟を玉木は提案しようとしていた。

二年前に自らを排除した議員から成る国民民主党との対等合併など、枝野には決して受け入れられない。かといって、何もしなければ枝野への批判は高まるばかり。枝野は、玉木から統一会派を正式に呼びかけられる前に、〝逆提案〟を行うことを決意したのだ。

こうした思惑から急遽、八月五日に枝野側から党首会談が持ちかけられた。会談で、頭撮りのために入室していた報道陣が部屋を出るやいなや、枝野は一枚のA4用紙の文書を玉木に突きつける。

玉木は後に周辺に対し、この瞬間を「こんなに驚き、腹が立ったことはなかった」と振り返った。

玉木を激怒させた文書とはどのようなものだったのか。

「安倍政権に代わる政策を的確に示すことで、政権の選択肢としての期待と信頼を高めるには、『数の力』を背景とした与党に対抗しうる強力な構えが必要であることを認識するに至りました」

そして、こう続く。

「こうした認識に基づき、本年（二〇一九年）五月二十九日の『立憲野党四党一会派の政策に対する市民連合の要望書』に記された十三項目にわたる政策要望を踏まえるとともに、立憲民主党の政策、すなわち立憲主義の回復など憲法に関する考え方、いわゆる原発ゼロ法案等のエネルギー関連政策、および選択的夫婦別氏制度や同性当事者間による婚姻を可能とする一連の民法一部改正法案等の多様性関連政策などにご理解ご協力いただき、院内会派『立憲民主党・無所属フォーラム』に加わって、衆議院でともに戦っていただきたく、ここにお呼びかけさせていただきます」

小池の逆バージョン、立憲の〝逆踏み絵〟

この文書には巧妙な罠が仕掛けられていた。枝野は同僚議員に対して、自慢げにこう解説した。

「ポイントは『市民連合』と『原発ゼロ』というワードなんだよ」

市民連合とは「安保法制の廃止と立憲主義の回復を求める市民連合」のことである。

市民連合とは名ばかりで、実態は共産党員が七割以上を占める左翼組織だ。

民間労組の支援を受ける国民民主党には、共産党に対するアレルギーが強い議員が多い。さらに原発ゼロは、電力総連の支援を受ける議員がいる国民民主党には受け入れ難い政策だ。枝野は、国民民主にとって受け入れが不可能な条件をあえて付したのだ。

さらにこの文書では、国民民主党に対し立憲会派に加わることを求めており、実質的に枝野の軍門に降ることを要求するものだ。玉木が目指した対等合併である「統一会派」とは似て非なる代物だった。

つまり、これは立憲の国民民主に対する踏み絵だったのだ。二〇一七年、希望の党を立ち上げた小池都知事が枝野らに安保法制容認の踏み絵を突きつけたのと同じように、枝野は希望の党の流れをくむ国民民主に対して〝逆踏み絵〟を迫ったのだ。

もし、玉木から先に統一会派を枝野に持ちかけていたら、難しい選択を迫られるのは立憲の側になっていた。立憲が主導権を握り、国民民主の議員をふるいにかけるために、玉木より先に会派合流を呼びかける必要があったのだ。

枝野は周辺に対し、高笑いしながらこう語った。

「このタイミングしかなかった。これは立憲が最大限、譲歩できるボールなんだよ。これを呑めなければ、別に合流してもらわなくてもかまわない。それで責めを負うのは、国民民主だからね」

立憲民主党幹部はこう解説する。

「参院選では立憲は議席を思っていたよりも伸ばせず、国民民主を潰すことにも失敗した。だからこそ、この踏み絵を踏ませることで、国民民主を分裂させ、壊滅させるのが枝野の真の狙いだよ。結局、枝野は自分の感情だけでしか動かない」

立憲は〝オワコン〟

国民民主党は、この枝野の策謀に「どれだけ上から目線なんだ」と猛反発する。しかし、野党がバラバラのまま衆院選に突入すれば、党の存続は危うい。玉木が選んだのは「バカなふり」作戦。枝野の意図などまったく気付かないふりをして、立憲に抱きつこうという戦略だ。

二〇一九年八月十五日、再度、開かれた党首会談で玉木は、「国民、生活者本位の政治を実現するために、衆参両院で統一会派を結成する。統一会派結成に向けて、政策的方向性、その他必要な事項について、誠実に協議し、合意を形成する」という文書を国民民主側の回答として示した。これに対し、枝野は「まったく答えになっていない。立憲民主党の提案に賛成するのかどうか、具体的に示せ」と押し返したのだ。

立憲民主党の中堅議員はこう呆れる。

「最近、よく耳にするのは『立憲はもうオワコンだ』と。れいわ新選組の街頭演説に集まっている人たちを見てみたら、二〇一七年、立憲を応援していた人たちなんだよね。もう立憲に対する期待感なんて存在しない。このままでは、選挙で勝つために立憲からも国民民主からもれいわ新選組に移る議員が続出しそうだ」

参院選の反省など、どこへやら。終わることがない野党の内ゲバ。この国に健全な野党など、望むべくもないのか。

第八章

枝野幸男・福山哲郎コンビが
TBS「報道の自由」に圧力

「立憲民主が国民民主に譲歩」といった
事実報道で枝野・福山コンビは怒り心頭。
「誤報だ、訂正しろ」と吠えまくり。
そんな露骨な報道介入を平気の平左で
行なえばお里が知れる

報道への露骨な圧力

二〇一九年八月二十日午後、TBS政治部で立憲民主党を担当している若い男性記者の携帯電話に着信が入る。声の主は、いきなりまくし立てたという。

「おたくの報道だけど、あれ誤報だから。どうなっているの？　すぐに訂正して」

電話をかけたのは、立憲民主党幹事長の福山哲郎。何があったのか。

この日の正午過ぎに立憲民主党代表の枝野幸男と国民民主党代表の玉木雄一郎は、国会内で党首会談を行い、その後、記者会見を開いた。そこで、枝野は「数の力を背景とした自民党の姿勢に対して、より〝強力な構え〟で秋からの国会論戦に挑んでいく。今の安倍政権とは違うもう一つの選択肢をしっかりと、より力強く、国会論戦を通じて訴えていくことができれば、いまの日本の政治状況を大きく変えることができる」と述べ、国民民主党と衆参両院で会派を共にすることで合意したと発表したのだ。

この統一会派の結成は、枝野にとっては苦渋の選択でしかなかった。参院選敗北の責任を問う声が党内からも公然と上がり、その独善的な党運営への批判も高まっていた。一年半前に立憲を支持した層は、こぞって「れいわ新選組」へと移っていった。「枝野は排他的だ」との批判を避けるために、統一会派に踏み切らざるを得なかったのだ。一方の玉木にとっては、国民民主党はこのままでは消滅するだけ。原発ゼロや憲法改正など両党の政策には大きな隔たりがあるのは誰の目にも明らかだったが、自らの生き残りを図るためだけに立憲に抱きつくという野合の道を選んだのだ。

偽りの〝立憲主義〟――居丈高な「訂正しろ」

この合意について、ＴＢＳは午後のニュースで次のように報じた。

「統一会派をめぐっては、立憲民主側が衆院のみで自らの会派に合流するよう呼びかけていましたが、国民民主側は衆参両院での統一会派の結成を提案していて、立憲民主側が譲歩した形です。また、立憲民主が会派結成の前提としていた原発政策への協力なども棚上げになりました」

福山は、「立憲は譲歩などしていない。原発政策を棚上げなどしていない。明らかな誤報だ」とTBSに対してクレームを付け、「訂正しろ」と迫ったのだ。

しかし、衆参両院で会派を組むべきだという国民民主の要望を受け入れたのは明らかに立憲側の譲歩であった。また、立憲が主導する「原発ゼロ基本法案」について、玉木は記者団に対し「最終的な法案の扱いは採決などの時に考える」と述べるなど、賛否を曖昧にしたままだった。ある国民民主幹部は「あくまで立憲の政策を〝理解する〟という合意だからね。細かく政策を詰めたら一緒になんかなれないよ。電力総連の支援を受けるうちが原発ゼロに賛成できるはずがない」と悪びれもせずに開き直った。両党の深い溝を見て見ぬふりして達した合意を〝棚上げ〟と言わず、何と呼ぶのか。

それだけでは終わらなかった。同じ日、枝野はツイッターで驚くべき発信をする。

「少なくともフジテレビとTBSが、合意とまったく食い違った報道をしています。この文書の立憲民主党の主張を『理解し』『協力』いただけると合意しました。両社には幹事長部局から抗議し訂正を求めます」

この枝野の書き込みに対して、ツイッター上でも疑問の声が相次いだ。

「放送局に圧力かけるぞ宣言か。怖いね」

「与党がそれをやっちまったら、あんたらすかさず報道に圧力をかけたって騒ぎ立てるくせに」

「立憲民主党は報道の自由に不寛容な政党ですね」

これらは正鵠《せいこく》を射た指摘である。報道の内容に、白を黒とするような明らかな事実誤認があれば訂正を求めることも許されるかもしれない。しかし、今回の報道はあくまで報道機関としての論評の範囲内でしかない。枝野はこれまで「安倍政権によって、表現の自由や報道の自由が危機に瀕している」と訴えてきた。選挙の際には街頭で「政府のメディアに対する有形無形の様々な圧力で、報道の自由度のランクは大幅に下がっている」などと演説し、政権批判を繰り返していた。

しかし、自らのやっていることは政治による報道への介入以外の何ものでもない。報道機関の論評や主張に対し政治が介入すれば、表現の自由に対する萎縮効果を生じさせる。二〇一九年五月の憲法記念日には「自由な言論空間が保障されない限り、真の民主主義はあり得ない」と強調した枝野。言っていることとやっていることがまさに正反対。またしてもお家芸のブーメランが炸裂したのだ。TBSが訂正報道を拒んだのは言うまでもない。

迷走する統一会派名――「立憲民主党・国民フォーラム」か「立憲・国民フォーラム」か

ここまでして枝野が報道に嚙みついたのには理由があった。枝野は周辺にこう語る。

「あくまでも立憲が国民民主を吸収するんだよ。文句があるのなら出ていけばいい。うちはポストを一つも国民民主に譲る気はないからね」

枝野としては、国民民主に対して譲歩したと見られることはプライドが許さなかったのだ。表では〝連携〟を叫びながら、あくまでも自分たちの軍門に降る形にこだわったのだ。

一方の国民民主は、会派の合流には合意したものの、幹事長同士での水面下の協議を進めていくと、ようやく立憲側の本性に気づき始める。揉めたのは「会派名」と「人事」だ。立憲側は新たな会派の名称を「立憲民主党・国民フォーラム」とすることを主張した。これに国民民主党内からは「なぜ向こうは党名がフルネームで入りながら、こっちは〝国民〟だけなのか」と猛反発が起きる。国民民主側は「立憲・国民フォーラム」にするべきだと反論する。さらにポストについても紛糾する。立憲側は会派代表、幹事長、国対委員長というすべての主要ポストを立憲側が占めることを当然のように求めたのに対し、国民民主は「会派代表が立憲なら、幹事長はこっちだろ」と反発する。

党首会談での合意からわずか二週間で、痺れを切らした枝野は、福山幹事長に対し、「国民民主がそんなごちゃごちゃ言うなら、もう協議は打ち切れ。面倒くさくなってきた。うちは何も困らない」との指示を出したのだ。結局、会派合流が実現しようが、失敗に終わろうが、両党が政権に対峙できる塊《かたまり》になれないことだけは確かだ。

その証左は、枝野自身の口からこぼれた言葉にも表れている。二〇一九年九月九日、東京・赤坂のＡＮＡインターコンチネンタルホテルで開かれた通信社主催の枝野の講演会。その冒頭で、枝野はいきなり出席者を唖然とさせる。

「民主党の……あっ！　立憲民主党の重点政策についてですが……」

会場からは思わず失笑が漏れる。先の参院選で安倍首相による「民主党の枝野さん」との言い間違いが話題となったが、何のことはない、枝野自身もいまだに悪夢の民主党時代から抜け切れていないのが実情なのだ。

焦点は憲法改正

安倍首相は二〇一九年九月十一日に内閣改造を断行し、党内人事においても憲法改正に向けた挙党態勢を敷いた。改造後の記者会見で安倍首相は改憲について「困難な挑戦だが、必ずや成し遂げる決意だ」と強調した。これまでは安倍首相だけが憲法改正に前のめりかのような印象を持たれていたが、今後は二階幹事長・岸田政調会長が先頭に立って、改憲議論を主導していく狙いだ。

立憲の辻元清美国対委員長は、こう頭を抱えたという。

「岸田さんに主導されると、こっちはやりにくいわ。今までは放っておいても自民党が失言をしてくれたから、こっちも好き勝手できたけど、まっとうに議論を求められると困る」

ことあるごとに、いちゃもんをつけ、憲法審査会をストップさせてきた辻元氏にとっても、自民党の本気モードは頭が痛いようだ。

鍵を握るもう一方は、国民民主党だ。玉木は記者団とのオフレコ懇談で、こう宣言した。

「国民民主党は憲法審査会に必ず出て行く。統一会派になっても、憲法は別だ。我々は憲法の議論はする。国民がこれだけ議論を求めている重要な課題から逃げるわけにはいかない。場合によっては、国民民主党の改憲案を出しても良いと思っている」

空気のように言葉の軽い玉木のことなので、にわかには信じがたい発言だが、その姿勢に変化が見られることは間違いない。実際、国民民主には改憲に積極的な議員も多い。

政権幹部は、こうした国民民主内の改憲派・論憲派議員への直接の働きかけをすでに極秘裏に始めている。憲法改正に慎重な公明党も、野党第二党が議論に加われば重い腰を上げざるを得なくなる。秋以降の臨時国会、そして二〇二〇年の通常国会（一月～六月）では、これまで遅々として進まなかった憲法審査会の議論がどのような形で動き始めるかが注目だ。

第九章

安住淳が吠える「憲法審議より関電問題追及」

改憲議論を深めたい自民党に対して、
野党は相変わらずのパフォーマンス闘争に
明け暮れる。「憲法」には「関西電力」
「かんぽ」「トリエンナーレ」で、
いちゃもんごっこ

「結党」時の熱狂は失われてしまった

二〇一九年十月三日の夜七時前。この日、結党から二年を迎えた立憲民主党の代表・枝野幸男の姿は東京・有楽町駅前にあった。街宣車の上に立ち、演説を行った枝野は「次の総選挙で日本の政治を変える。その先頭に立つ」と力を込め、次の衆院選での政権奪取を誓った。しかし、その脇にいた立憲職員は、集まった八十人ほどの群衆を見つめ、背中に冷や汗が流れ落ちるのを感じていた。

「これだけしか集まらないのか……」

小池百合子都知事の「希望の党」に排除された枝野らが結成した立憲民主党。枝野は二年前のこの日、結党の届けを出した直後に同じ場所に立っていた。

「私たちは、本当にこの国の未来を信じている、この国の未来を考えている多くの人たちに大きな輪を広げていただいて、私たちに力を貸していただける。そう信じて決断を致しました」

後に一部で「伝説の演説」と呼ばれた二十分ほどの訴えを終えると、集まった三百人以上の市民からは自然と「枝野コール」が沸き上がった。そこからわずか数週間で枝野は野党第一党の党首に駆け上がることになる。

二年経った今、その熱狂は幻のように消え去っていた。枝野は演説中、国民民主党や社民党と結成した「共同会派」について「安倍政権を続けさせてはいけないとの思いは一致している。大きな与党に立ち向かえる構えができた」と胸を張った。しかし通行人の女性は、「結局、民主党がまた復活しただけね」と冷たく吐き捨てて去って行った。

「共同会派」の崩壊――座席&ポストをめぐる小学生以下のいがみ合い

有楽町駅で枝野が街頭演説を行っていた、まさにその時、国会では怒号が響き渡っていた。立憲民主党との会談を終えた国民民主党の舟山康江参院国対委員長は、廊下に出ると記者団に対し、「明日の議員総会は別々でやるしかないわ！」と怒りをあらわにした。臨時国会召集日の前日、「共同会派」を組んだはずの立憲と国民民主は、国会内で醜《みにく》いいがみ合いを繰り広げていたのだ。

事の発端は、臨時国会での本会議場での座席をめぐる争いだった。通常、参議院では最大会派の自民党が本会議場の中央に座席を配置され、野党は会派ごとに左右に配置されていく。国民民主党・参院幹事長の榛葉賀津也は「立憲民主党の連中とは一緒に座りたくない」として、同じ会派でありながら立憲と国民民主は自民党の座席の左右にそれぞれ離れて座るべきだと主張したのだ。榛葉といえば、二〇一九年夏の参院選静岡選挙区で立憲から対抗馬を立てられ、骨肉の争いを生き延びた当事者だ。国民民主側の提案に対し、立憲は「同じ会派なのだから別々というわけにはいかない」と反論。国民側を無視して、座席表を参議院に提出してしまったのだ。榛葉は国民民主の参院総会を開き、「このままでは一緒にやれない」と気勢を上げた。座席をめぐってのケンカなど、小学生以下のレベルだ。

さらに醜い争いとなったのは、国会でのポストをめぐる問題だった。臨時国会が召集される前日、参議院では委員会における委員長のポストを決めるための議院運営委員会理事会が開催された。しかし理事会が始まると、立憲と国民民主でどの委員長をどちらが取るかで揉めたため、会議は中断となった。もともと、国民民主党の会派が握っていたのは経済産業委員長や国土交通委員長といった花形ポストだった。かたや立憲民主党が持っていたのは、環境委員長や国家基本政策委員長という地味なポスト。立憲側は、共同会派を組んだのを機に、国民側の委員長ポストを奪うことを目論んだのだ。

一方、国民側が目を付けたのは議院運営委員会と予算委員会の〝筆頭理事〟のポスト。いずれも国会運営の重要な局面で、与党側と直接交渉に当たる役職だ。立憲はこの二つのポストを独占していたが、国民民主はどちらかを渡すように求めた。

午前中に中断となった議運理事会は、夕方六時に再開予定となったが、立憲・国民民主の話し合いはまとまらず、さらに理事会開会は一時間延期された。

午後六時二十分、立憲の長浜博行参院会長は、国民民主の大塚耕平参院会長の携帯を鳴らし、再度、両党で会議をするために立憲の部屋に来るように依頼する。しかし、大塚は一向に現れない。そして六時五十分になり、ようやく大塚から電話が入る。

「いま、国民民主の部屋にいるが、榛葉たちから『行くな』と止められているので、行くことができない」

立憲の福山と蓮舫が仕掛けたワナに嵌まった国民民主

幹事長の〝監禁騒ぎ〟の背景には、立憲幹事長の福山哲郎と副代表・蓮舫が巧妙に仕掛けたワナがあった。実は、共同会派を結成する際に、立憲と国民民主は「最終的な意思決定は、会派の会長・幹事長・国対委員長の三者で行う」「三者で決めたことは各党に持ち帰らない」という参議院の共同会派独自のルールを作ることで合意した。そして共同会派の会長には立憲の長浜、国対委員長には立憲・芝博一が充てられたが、幹事長だけは国民民主の大塚耕平が就いた。「なぜ国民民主党に共同会派の幹事長ポストを譲ったのか」と心配する同僚議員に対し、蓮舫は満面の笑みでこう解説した。

「これはワナだからね。三者のうちの二人は立憲なんだから、ウチは譲歩したように見せかけて、最後は多数決で立憲が全部決めることになるのよ」

共同会派の幹事長である大塚が立憲の部屋に行って話し合いをすれば、多数決で立憲の意見が通ることが分かっていた榛葉らは、体を張ってでも大塚を止める必要があったのだ。

結局、立憲と国民民主の話し合いは開かれず、長浜は立憲側が作成した委員長と筆頭理事の一覧表を七時二十分にようやく再開された議運理事会に提出したのだ。主要な筆頭理事のポストを立憲側が独り占めしたのは言うまでもない。

こうした動きを見た議運理事会の自民党の理事は高笑いする。

「待たされるのは大変だけど、こんなバラバラの野党であればまったく怖くないね」

翌四日の臨時国会召集日。本会議を前に、衆議院で立憲と国民民主が一緒に共同会派の議員総会を開くなか、参議院ではそれぞれ別々に総会を開く事態となっていた。

国民民主の舟山国対委員長は記者会見を開き、抗議の声を上げた。

「あくまでも対等な党対党、会派と会派の合流と言う中で、話し合いをきちっと丁寧にしなければいけないという段階において、そこをすっ飛ばして、自分たちが会派の会長だからといって、会派の会長名で筆頭理事一覧というものを提出された。信義に反すると言わざるを得ない」

舟山は理事ポストを一旦白紙に戻すことを求め、「共同会派を解消することもあり得る」と拳を握った。

これに対し、蓮舫も反撃する。午後、国会内に新聞・テレビの担当記者を集め、オフレコでの反論ブリーフィングを行ったのだ。

「榛葉さんが議員総会で『筆頭理事の一覧表を立憲が勝手に出した』と説明していましたが、これは嘘です。三者会議で合意しています」

「『協議が休憩中のまま筆頭理事を決めたペーパーが出され、電話も切られた』という発言、これも全部嘘です。私たちの認識と相当食い違っています」

集まった記者たちは早口でまくし立てる蓮舫の剣幕に気圧《けお》されながらも、「この人は一体、誰と戦っているんだろう」と呆《あき》れるばかりだったという。

「憲法よりも関西電力」――「いちゃもん」野党

野党側はこの臨時国会において、「関西電力をめぐる金品授受問題（関電幹部が福井県高浜町の森山栄治元助役から三億二千万円近い金品を受領した問題）」「あいちトリエンナーレ補助金不交付問題」「かんぽ生命不適切販売問題」の三つを主要な追及テーマに掲げた。立憲の安住淳国対委員長は「自民党は『憲法、憲法、憲法』と言っているが、我々は『関電、関電、関電』だ。ちゃんとこの実態解明もやらないような国会では、憲法の審議なんて程遠いということになる」と宣言し、疑惑追及を宣言した。しかし、なぜ関電問題の追及が、憲法改正議論と関係するのか。得意の〝いちゃもん〟で、憲法改正に向けた議論を先延ばしにしようという意図は見え見えだった。

当時の永田町は、ある噂で持ちきりだった。それは「安倍総理は憲法改正の議論が進まなければ、年内解散に踏み切る」というものだった。実際に、安倍総理の側近議員は「臨時国会で憲法審査会が動かなければ、改正議論の是非を問う解散だ」と断言していた。

安倍総理は二〇一九年十月四日の所信表明演説で、憲法こそが国づくりの「道しるべ」だとし、衆参の憲法審査会での議論は「国民への責任だ」と訴えた。安倍総理の揺るぎない憲法改正への熱意は、自民党を動かそうとしていた。

これまで憲法議論に距離を置いていた二階幹事長は二〇一九年十月十八日に地元・和歌山で千人規模の憲法集会を開催することを明らかにした。また、改憲慎重派とも見られていた岸田政調会長は改憲をテーマにした地方政調会を各地で開く考えを示した。自民党を挙げて、憲法改正を実現しようという気運が高まっていたのだ。

これに対し、立憲代表の枝野は周辺に「憲法審査会の審議を拒否するつもりはないが、まずはCM規制についての議論が先だ。これは最低でも一年はかかるね」とほくそ笑んでいた。憲法本体の議論ではなく、国民投票に関するCM規制の議論を優先すべきだというのだ。そして、こう続けた。

「CM規制の後は、インターネットの規制の議論だね」

野党のサボタージュで改憲議論が遅々として進まない状況を、国会として放置することは許されるのか。解散総選挙で国民に問う選択肢は、確実に安倍総理の頭の中にあった。

パフォーマンスだけの野党

二〇一九年十月五日、野党各党の議員による「関電疑惑追及チーム」が現地視察と称して大阪市内の関電本社を訪れた。しかし、土曜日に対応する関電社員は誰もおらず、事前に集めたマスコミのカメラの前で、立憲民主党会派の今井雅人ら九人の議員が警備員の男性に申し入れ書を渡す茶番が繰り広げられた。そもそも、前日に配られたマスコミへの取材案内にも「関電本社で面会を拒否されたため、申し入れ書を警備員に手渡す予定」と書かれていた。関電関係者に会えないことが分かっていながら、警備員に書類を渡すためだけに大阪を訪れたのだ。

大阪府知事の吉村洋文はツイッターでこう皮肉った。

「休日勤務の警備員さん、関係ないやん。『えっ、俺？マジで？』みたいな気持ちやろうな。大勢のメディア引き連れた権力者の国会議員のやることじゃないよ」

予算委での追及も不発

二〇一九年十月十五日から参議院では予算委員会が二日にわたって開催された。安倍総理ら全大臣が出席する予算委員会の基本的質疑は、野党にとって一番の攻めどころになるはずが、立憲の蓮舫は頭を抱えていた。

「森裕子が何を質問するか、まったく知らせてこない」

予算委員会初日の十月十五日、国民民主の森裕子らに続いて、立憲の蓮舫や福山が質問に立つことになっていた。衆議院では、共同会派内で予算委員会を前に綿密な打ち合わせが行われ、何をテーマにするかの役割分担がなされていた。それが参議院では、森裕子が立憲側との質問内容共有を拒んでいたのだ。予算委員会で筆頭理事を奪った蓮舫への意趣返しだった。

その予算委員会では、十月十二日夜七時に伊豆半島に上陸したあと、首都圏、福島県に大きな傷跡を遺した台風十九号被害への対応が大きな議題となった。立憲の杉尾秀哉は政府に対して「堤防の決壊の原因は、堤防の弱体化にあるのではないか」と迫ったが、閣僚席からは失笑が漏れる。民主党政権こそが、スーパー堤防と呼ばれる高規格堤防を「スーパー無駄遣い堤防」などと一刀両断し、事業仕分けの対象にした張本人。民主党政権時代の「コンクリートから人へ」というスローガンは棚上げして、どの口が堤防の弱体化を批判するのか。

台風十九号で「川の氾濫防止に役立った」と称賛の声が上がったのが利根川上流に建設された八ッ場ダムだ。八ッ場ダムは二〇二〇年春の本格運用を前に、十月一日から試験的に貯水が始まっており、当初は三カ月かけて満水になる予定だった。それが今回、たった一晩で最高水位に達した。政府関係者は「八ッ場ダムがなかったら大変なことになっていた」と明かす。住民を水害から救った八ッ場ダムこそ、民主党政権が無駄な公共事業の象徴として建設中止を宣言したものだった。こうした現実に当時の民主党幹部たちは、どう応えるのだろうか。

子供のケンカのような内部対立を繰り返し、国会議員としての責任を放棄する野党は、もはや社会の害悪でしかない。

第十章

逃げる枝野幸男に山尾志桜里がメスバチの一刺し！

もはや「裸の王様」になりつつある
枝野に引率されて、揚げ足取りで憲法改正
論議を阻止する“行きあたりばったり”
戦略の愚。そこに一人の猛女が異議ありと
声を挙げたから大慌て

党の結束を乱すなと若手議員に圧力

二〇一九年十月下旬、立憲民主党のある若手女性議員の携帯電話に着信が入る。

「消費税減税研究会の案内が来たと思うけど、どうしようと思ってます？」

探りを入れてきたのは、立憲の国対委員長代理、武内則男だった。ベテラン議員の唐突な質問に何事かと戸惑いながらも、若手議員は正直に答える。

「消費税は関心があるので行こうと思っているのですが、何か問題あるでしょうか？」

武内が猫なで声を出す。

「行かない方が良いと思うよ。党の結束が大事でしょ？」

若手議員は思わず絶句したという。本来、政治家の勉強会というのは議員個人が自由に参加できるはずのもの。武内は立憲の若手・中堅議員に〝圧力電話〟を次々にかけていった。

時を同じくして、立憲の逢坂誠二・政務調査会長と蓮舫・参院幹事長の連名の文書が若手・中堅議員のもとに届けられた。

〈他党の政治家や会派を共にしない方々との勉強会や研究会等につきましては、政策の一貫性を維持するためにも党所属議員へのご案内等がございましたら、まずは政務調査会長、または参院幹事長まで確認をお願いしたいと存じます〉

言葉は丁寧だが、あからさまな圧力だった。立憲執行部は、何に怯《おび》えていたのか。

山本太郎の勉強会

二〇一九年十月三十日夕方。衆議院第一議員会館の地下会議室には、立錐《りっすい》の余地もないほどの人が集まっていた。れいわ新選組の山本太郎代表が姿を見せると、熱気に溢れた会場からは拍手がわき上がる。この日は、山本と無所属の馬淵澄夫衆議院議員が立ち上げた「消費税減税研究会」の結成式だったのだ。

夏の参院選で、九十九万票という比例代表全候補の中で最多得票を手にしながら、障害者二人の当選を〝特定枠〟で優先させたため、バッジを失った山本。落選中の議員と無所属の野党系議員が二人で立ち上げた勉強会には、驚くことに二十二人もの現職国会議員と十二人の元国会議員が駆けつけた。その中には、立憲執行部の制止を振り切って出席した三人の立憲議員の姿もあった。

勉強会立ち上げの狙いについて、マイクを握った馬淵がぶち上げる。

「消費税減税という誰も語ることのできなかった切り口を、さらに踏み込んで申し上げれば、野党が結集していく軸として、大きな旗印として、次期衆院選に向けた大きな公約とすべく、取り組みを山本さんと一緒にゼロベースでしっかり議論したい」

この勉強会は、総選挙を見据え、野党再編の主導権を握るために山本太郎が仕掛けたものだった。山本太郎は消費減税を野党の共通公約とすることで政権交代を果たそうと考えていた。参院選で〝れいわ旋風〟を起こした山本の次の一手に、立憲執行部は慌てふためいていたのだ。

勉強会を終え、記者たちに立憲執行部からの圧力について問われた山本は、挑戦的な表情を浮かべた。

「我々のことが脅威なんでしょうね」

山本が勉強会を立ち上げた同じ日、東京・千代田区のパレスホテルでは枝野幸男と国民民主・小沢一郎が秘かに会談を行っていた。話題は衆院選に向けた野党再編だ。この場で小沢は枝野に対し、「年内に野党が一つになって、新党を立ち上げれば政権交代できる」と持ちかけた。そして、「れいわ新選組も巻き込むしかない」と主張。しかし、枝野は煮え切らない態度をとり続けた。

国民民主党のベテラン職員は、こう解説する。

「枝野は山本太郎のことが嫌いで仕方がないんだよ。これは完全に私怨。かつて、山本太郎が原発政策について枝野を名指しして『3・11以降の悲劇に追い込んだ戦犯だ』と批判したことを今も恨み続けているんだ」

枝野にとって、何よりも大事なのは〝立憲ブランド〟を守ることだった。自らが一人で立ち上げた立憲民主党という看板を失うくらいだったら、野党再編に与《くみ》する気はない。ましてや、山本太郎に主導権を握られるのは絶対に避けたいというのが枝野の本音だった。

枝野は周辺に対し、繰り返しこう漏らしていた。

「公には言えないが、私は消費税減税には反対だ。消費税は次の選挙の争点にはならない。もう面倒くさいから、早く解散してほしい。そうすれば、他の野党は立憲に合流するしかなくなるからね。政策をすり合わせする必要もなくなる」

もはや価値を失った立憲民主党という看板を後生大事に守ろうという枝野に、自らのリーダーシップで野党をまとめ上げようという気などさらさらないのだ。

オール野党議員の山本人気への「抱きつき」戦略

こうした枝野の姿勢に浮き足立っているのが、立憲や国民民主の若手・中堅議員だった。あの消費税減税研究会の三日後、議員会館の会議室には、山本太郎を囲む議員らの姿があった。参加していたのは中谷一馬、高井崇志ら立憲民主党の国会議員ら約十名。極秘に山本と税制勉強会を開催していたのだ。

参加した議員の一人は、立憲執行部の思惑など、どこ吹く風だ。

「枝野さんは、そもそも消費減税をどうするかですら明確にしていない。野党再編を進めるかどうかも、道筋を示すことはない。もう若手・中堅は枝野さんを見放し始めているし、有権者の期待もない。正直、消費減税には反対だけど、山本さんに乗っかるしかないんだよ」

まさに選挙に勝つためだけの〝抱きつき戦略〟。そして、山本にすり寄っているのは、こうした議員だけではない。共産党の志位和夫委員長は二〇一九年九月、山本に会談を申し入れ、野党連合政権樹立に向け協議を開始することで合意した。会談で、志位は山本が野党連携の条件としている「消費税五％への減税」について、「一つの選択肢だ。検討したい」と媚《こび》を売った。

さらに、国民民主党代表・玉木雄一郎はＹｏｕＴｕｂｅ番組に山本を招いて対談を行った。山本が「消費税五％を次の選挙の旗印にできるなら政権交代の芽は出てくる」と持論を展開したのに対し、玉木は「消費税減税はあり得る」と応じて見せたのだ。

山本太郎の苛立ち

雑誌「ニューズウィーク」二〇一九年十一月五日号の表紙を飾り、〝れいわ旋風〟は流行語大賞にノミネート。落選した今でも、山本太郎の注目度は衰えることはない。

山本はいま、次期衆院選を見据え、二〇一九年九月から北海道や九州、東北など全国をくまなく回り、街宣キャンペーンを行っている。街頭演説では相変わらずのアジテーターぶりを発揮し、各地で多くの聴衆を集めるなど、次の選挙に向けた準備に余念がないように見える。

しかし、そんな山本に、いま異変が起きていた。

〈なぜ応じるの？戦わない野党第一会派って存在する理由あるの？スケジュール通りに物事を進めるんだね、解散されるの嫌だから。チョロい野党に与党は安心、安全の政権運営だ〉

二〇一九年十月十八日、山本は、国会審議を進めることで与党と合意した立憲民主党に対して、突如ツイッターで苛立ちをぶつけたのだ。

これを知った枝野はニンマリ笑う。

「山本は立憲がすり寄ってこないからイライラしているんだろう。立憲は山本太郎を無視し続けてやるよ」

山本にしてみれば、野党共闘の呼びかけに、当然、立憲も乗ってくることを想定していた。しかし枝野は、そのはしごを外したのだ。次第に、山本も枝野に対して牙《きば》をむき始める。

では、山本に勝算はあるのか。最近、山本はことあるごとに資金難を嘆いているという。

「とにかくカネがない。カネがなければ選挙も戦えない。何とか、国民民主党のカネを手に入れられないか」

参院選直後、「次の衆院選には候補者を百人擁立する」と豪語した山本だが、実際には擁立に向けた準備はまったく進んでいなかった。選挙期間中には、れいわ新選組に四億円もの寄付金が集まっていたが、選挙が終わればその勢いはぴたっと止まった。百人を擁立するためには、最低でも二十億円はかかる。山本は、百億円もの潤沢な資金を抱える国民民主党を取り込むことを企《たくら》んでいたのだ。

問題はカネだけではなかった。百人擁立とぶち上げたものの、まともに選挙で戦える候補者がまったく集まっていないのだ。れいわ新選組は、所詮は山本太郎の人気頼みの個人商店だ。地道に選挙活動ができる候補など存在しなかった。そこで山本が目を付けたのが、「一丸《いちがん》の会」という集団だ。

この「一丸の会」とは何のことはない、旧民主党系の落選議員が作ったグループだ。二年前の総選挙で落選し、再起を狙う元民主党議員たちが、山本人気にあやかって、れいわ新選組からの復活当選を目指そうとしているのだ。山本にとっても手っ取り早く、候補者を集めることができる。冒頭の山本・馬淵の勉強会に元国会議員が十二人も参加していたのは、このためだ。

山本の現在の構想は、「れいわ・国民民主・一丸《いちがん》の会」の三者を合流させること。つまり、格好良く「政権交代を目指す」と新しい政治への期待感を高めたものの、結局は旧民主党勢力を再結集させて、山本がトップに収まるというのが実態なのだ。

行き当たりばったりで不毛な揚げ足取り

二〇一九年十月に召集された臨時国会は、与野党対決法案も少なく、波静かに進むものと思われていた。しかし、菅原一秀・河井克行両大臣が〝政治とカネ〟に絡む問題で辞任したことによって、安倍政権は逆風下での国会運営を余儀なくされることになった。

さらに、降って湧いてきたのが毎春、総理主催で行われてきた「桜を見る会」問題だ。立憲・安住淳国対委員長は「安倍総理による税金私物化」と糾弾し、「この国会は〝桜疑惑国会〟だ」と鼻息を荒くした。しかし、安住は臨時国会が始まった当初は「今国会は〝関電国会〟だ」と息巻いていたし、大学入試における英語民間試験の問題が浮上すれば「教育国会だ」と叫んだ。つまり、行き当たりばったりなのだ。

「桜を見る会」をめぐって野党は「政治家の推薦枠はあったのか？」などと国会で政府を攻め立てたが、民主党政権時代に招待客を政治家枠で推薦してきた自分たちが、その実態を誰よりも分かっていたはず。つまり、完全な茶番だ。安倍総理が後援会八百五十人を招待したことを私物化と呼ぶのであれば、当時の鳩山総理が百人単位で後援者を招待していたことは私物化に当たらないのか。招待客の選考基準の見直しは必要だとしても、野党で「追及本部」なる大層な組織を立ち上げるほどの重要な問題なのか。社会保障や災害対策など国家の一大事はそっちのけで、相変わらず政権の挙げ足取りに終始している。

立憲内・山尾志桜里からの反乱

二〇一九年十一月七日、衆議院の憲法審査会では約二年ぶりとなる自由討議が行われた。自由討議といっても、審査会に所属する議員たちが〝夏休み〟の海外視察についての報告を行った上で、その視察に関わるテーマに限定しての意見表明だった。野党側は自民党に対して「自由討議の中で四項目の自民党の憲法改正案に言及することは許されない。もし、言及すれば、それ以降の審議には応じない」と脅しをかけていた。野党としては、税金を使って海外視察に行ってしまった以上、審査会で報告・討議はせざるを得ない。しかし、自民党が望むような憲法改正議論は一切許さないという身勝手なスタンスだった。

こうしたことから、審査会では、二年ぶりの自由討議とは名ばかりの渺々《びょうびょう》たる〝夏休みの感想文〟の読み上げが続いた。それを打ち破ったのは、立憲の山尾志桜里衆院議員だった。山尾は「手続の議論が終わらない限り一切中身に入れないというのは、おかしい。憲法の中身の自由討議を行うべきだ」と発言し、活発な憲法議論を呼びかけたのだ。

至極まっとうな意見に大慌てしたのが枝野だった。その日の記者会見で見解を問われると、「国会の議論の段取りは国会対策マターであり、大衆討議ものではない。党の方針は明確だ」と不快感を示した。その上で、「『山尾氏の発言は問題ではないか』との指摘もあり、福山哲郎幹事長が議事録などを取り寄せ、本人の話もうかがっている。その結論を待ちたい」と厳重注意も辞さない構えを滲《にじ》ませた。

枝野は立憲幹部に対し怒りをぶつけたという。

「山尾は目立ちたいだけなんだよ。あいつは地元にも帰っていないし、厳重注意だけでは済まさない」

世論調査を見ても、多くの国民が国会での憲法論議を望んでいる。党利党略どころか私利私欲まみれで、国民の声に耳を傾けない枝野は、裸の王様になりつつある。

第十一章

野党〝ジュレッダー特捜部〟恥かき騒動記

「正義の味方」を装って今日も
「アポなし、権限なし」で、
政権追及“地検特捜部ごっこ”にいそしむ野党。
残る手はいつもの「印象操作（捜査）」。
国民はそんな茶番劇は見飽きた

「桜を見る会」追及の茶番

極秘資料を闇に葬り去ったシュレッダーを解析し、巨悪を暴く――。

二〇一九年十一月二十五日の午後三時過ぎ、東京・千代田区の総理官邸前の交差点からスーツ姿の男女八人が、二列になって整然と坂を下りてくる。十台近くのテレビやスチールカメラが待ち受ける中、一団は颯爽《さっそう》と内閣府庁舎へ向かっていった。彼らは野党の「桜を見る会」追及本部のメンバー。その目当ては内閣府の地下にある大型シュレッダーだった。事前に立憲民主党の安住淳国対委員長からは「東京地検特捜部のガサ入れのように格好良く内閣府に入れ」と指示を受けていた。安住は、その偉そうな態度から、「閣下」の異名をとる。しかし、そんな〝特捜部ごっこ〟はあっという間に強制終了となる。庁舎の外側にある受付で警備員に制止されたのだ。

「アポがなければ入れません」

紺色の制服に身を包んだ民間警備員が冷たく繰り返すと、野党議員らは、歩道からカメラを向ける報道陣を意識しながら、大声でわめき出す。

「何の権限で国会議員を制止できるんだ！」

「我々には中に入る権利があるんだ！」

必死で詰め寄るが、警備員は無表情で立ちはだかる。

受付での押し問答は二十分以上続き、立憲会派の山井和則議員は泣き叫ぶように訴えた。

「寒いんですよ。入れてください！」

この日の天気は、季節外れの陽気で気温二十一度。報道陣からは、失笑が漏れる。

突き付けられた反証

ここまでして野党議員が見たかったシュレッダーとは、いったい何なのか。

内閣府は、二〇一九年度の「桜を見る会」の招待者名簿を正式な手続きに則《のっと》って、五月九日にシュレッダーで裁断した。この五月九日というのは、共産党の宮本徹議員が内閣府に対して「桜を見る会」に関する資料の提出を要求した当日だったのだ。内閣府は「大型シュレッダーの予約が詰まっていて、予約が取れたのが、たまたま五月九日だった」と説明したが、野党は「政府ぐるみの隠蔽《いんぺい》が行われた」と決めつけ、徹底追及する方針を決定した。手始めに、実際に使用されたシュレッダーを視察することで、その実態を解明しようとしたのだ。

結局、野党議員らは押し問答があった翌日に、ようやく内閣府の許可を得てシュレッダーの視察が実現した。まるで大がかりな科学実験でも行うように、ストップウオッチ片手に、招待者名簿と同量の八百枚のA４用紙を嬉々としてシュレッダーにかける。厚い束の紙がすべて機械に飲み込まれると、山井議員は「三十四秒しかかからなかった」と快哉を叫んだ。

国会内に戻った野党議員は報道陣に対し、「三十四秒しかかからないのに、予約が一杯だったなんて信じられない」と自らの成果を勝ち誇った。そして、追及本部のヒアリングでも、内閣府側が「シュレッダーを予約したのは四月二十二日であり、共産党議員の資料要求よりも前だった」と何度説明しても、「森友事件の時もそうやって役所は資料を改竄《かいざん》した。官邸への忖度《そんたく》で隠蔽が組織的に行われた」と推測だけで糾弾したのである。

そして二〇一九年十一月二十九日、傍若無人な野党の追及に業を煮やした内閣府は決定的な証拠を突きつける。それは内閣府人事課職員が四月二十二日に同僚や上司に対して、「五月九日にシュレッダー予約をしました」と報告するメールのコピーだった。つまり、共産党議員の資料要求と、シュレッダーによる資料廃棄が同じ日になったのは、まったくの偶然だということが証明されたのだ。ところが驚くことに、野党議員はこの明確な証拠を見て見ぬふりをした。そして、「桜を見る会」を連日大きく取り上げてきた新聞・テレビも、この証拠を報道することはほとんどなかった。

「銀座 久兵衛」のデマ

「桜を見る会」問題の本質とは何なのか。

この問題が浮上した際に、まず野党が目を付けたのが、安倍晋三後援会主催の「前夜祭」だった。ホテル・ニューオータニで開催された前夜祭の会費が五千円だったことから、野党は「五千円でできるはずはない。安倍事務所から補塡があったはずであり、そうであれば政治資金規正法違反だ」と色めき立ったのだ。

野党議員は、政府側へのヒアリングで「前夜祭では高級寿司店・銀座 久兵衛の寿司が提供されていた。それで五千円に収まるはずがない」と攻撃した。この「久兵衛の寿司」という情報が独り歩きし、立憲・安住国対委員長は「久兵衛やニューオータニに現地調査に行くぞ。ニューオータニも犯罪の共犯だ」と息巻いた。立憲の石川大我議員は、ツイッターにこう書き込んだ。

〈独自調査：やはり公選法違反！「桜を見る会 前夜祭」が久兵衛の寿司つき五千円会費で開催された件。事務所でホテル・ニューオータニに見積を独自に依頼、先ほど届きました。同様の条件で八百人の宴会。ひとり一万三千百二十七円。やはり差額供与で公選法違反濃厚。予算委員会の集中審議で安倍総理が説明すべき〉

石川議員はわざわざニューオータニに対し、「銀座 久兵衛」の寿司込みでのパーティー代金の見積もりを依頼したというのだ。

ところが、呆《あき》れる事態が発覚する。

あるマスコミ関係者が、野党側に対し「久兵衛の寿司が前夜祭で出されていたことを示す写真を見せてほしい」と依頼すると、野党議員はばつが悪そうに頭を掻きながら、一枚のツイッターのコピーを見せてきたという。それはある一般市民が前夜祭についての発信をする際に、「ニューオータニのパーティーとはこのような感じだろう」と推測で掲載した料理のイメージ写真だったのだ。そのイメージ写真を、実際の前夜祭で撮影された画像と勘違いした野党議員が「これは銀座 久兵衛の皿だ！」と叫び、それが野党議員の間で一気に〝真実〟として広まっていったのだ。

結局、すぐに銀座 久兵衛側が前夜祭での寿司の提供の事実を否定。野党はまったく事実確認すらせずに公の場でついたウソについて、いまだに謝罪も説明もしていない。巻き込まれた寿司店やホテルはいい迷惑だ。

「私物化」批判はブーメランの如く

「桜を見る会」をめぐる野党のもう一つの批判は、「安倍総理による私物化」問題だった。安倍総理が大勢の後援会関係者を招いたのは、「各界において功労・功績があった方々を招く」という本来の趣旨から外れ、有権者を買収する公選法違反に当たるというのだ。

しかし、ここに三枚の資料がある。

これは民主党政権時代の平成二十二年、二十三年、二十四年に当時の民主党の総務委員長名で出された文書だ。これは「桜を見る会」についての民主党議員への案内で、「後援者の方等をご夫妻でご招待いただく絶好の機会になります」と呼びかけ、「国会議員ひとりにつき同伴者を含む8人まで入場できます」と書かれている。さらに、招待する人の役職について「特に無い場合には記入の必要はありません」との説明がわざわざ付されているのだ。つまり、民主党政権時代にも「桜を見る会」は政治家が後援者を招待する場として常態化していて、そこには「功労・功績」など関係がなかった証拠が明白に残っていたのだ。こうした証拠を棚に上げながら、野党は「安倍総理が会を私物化している」と恥ずかしげもなく批判しているのだから呆れるばかりだ。

こうした野党の〝印象操作〟は枚挙に暇《いとま》がない。あやふやな情報を基に〝決めつけ〟

で批判を展開しているだけなのだ。野党は毎日のように「追及本部」と呼ばれるパフォーマンスの場を開き、マスコミ・フルオープンで役人をつるし上げている。ここで例えば、マルチ商法で破綻した「ジャパンライフ」元会長と安倍総理の関係に「疑惑がある」と野党議員は追及するのだが、彼らの根拠はフリージャーナリストのブログや夕刊紙の推測記事だけなのだ。

「政権攻撃の手段」としてサクラを取り上げる野党

二〇一九年十二月一日に追及本部のメンバーは安倍総理の地元・山口県下関市を訪れた。

マスコミを引き連れ、関係者から「桜を見る会」の実態について聞き取り調査するといってヒアリングが行われたが、ヒアリングの対象者は野党系の山口県議と下関市議だけ。下関市議が「桜を見る会は、総理の後援会活動として利用されていた印象があある」と推測で発言すると、追及本部のメンバーは「おぉー！」とわざとらしく驚嘆の声を一斉にあげた。しかし、野党の国会議員が「桜を見る会」に出たこともない野党の地方議員から聞き取り調査をして、何の意味があるのか。根拠もなく憶測だけで〝疑惑〟の印象を広めるのが、森友・加計問題以来の野党の常套《じょうとう》手段となっているのだ。

深刻な問題なのは、野党がこの「桜を見る会」問題の追及が、「政権攻撃の手段として効果を上げている」との意を強くしていることだ。

立憲・安住国対委員長は「本番は二〇二〇年の通常国会だ。一月から三カ月間、本会議や予算委員会でみっちり安倍総理自身を追及していく。それ以外のことは一切、取り上げない」と断言している。国民にとって、こんなに不幸なことがあるだろうか。

「桜を見る会」について、違法性のあるような問題が存在しなかったことは、すでに明白になっている。安倍総理は「長年の慣行とは言え、招待基準に曖昧さがあったことを大いに反省する」として、会の大幅な見直しを約束している。それにもかかわらず、通常国会という貴重な機会を、この問題の追及一本に絞ろうというのだ。

安住は記者団に対し、二〇二〇年以降の憲法改正についても「『桜を見る会』追及が忙しすぎて、通常国会では国民投票法の改正すらできないだろうな。憲法改正なんて不可能だよ」と嘯《うそぶ》いている。

〝桜〟か憲法改正か

臨時国会（二〇一九年十月〜十二月）を迎えるにあたって、自民党は衆院・憲法審査会長に野党とのパイプを持つ佐藤勉氏、憲法改正推進本部長に安倍総理と近い細田博之氏を起用するなど、万全の態勢で臨んだはずだった。しかし、自民・新藤義孝筆頭理事の再三の呼びかけにもかかわらず、野党側は、本来は誰も反対しないはずの国民投票法改正案の採決を拒否し続けた。

立憲民主党代表の枝野幸男は、高笑いする。

「現場の担当者同士で協議したって意味がないんだよ。憲法については、私が全部決めているからね。安倍の思い通りにさせるわけがない」

実は、臨時国会において与党側は一時、国民投票法の強行採決を真剣に検討していた。自民党の森山裕国対委員長は二〇一九年十一月初旬の段階で、「野党が審議に出てこなくても、衆議院では国民投票法を採決して、参議院に送る」と周辺に決意を語っていた。ところが、「桜を見る会」をめぐって野党が日米貿易協定を人質に国会審議をストップさせるなどの戦術をとってきたため、強行採決案は立ち消えとなった。郵便投票や洋上投票の対象を拡大するなど有権者の利便性を高める国民投票法改正案は、これで五回目の先送りになったのだ。

問題の根本は、憲法審査会に存在する「中山方式」と呼ばれる暗黙のルールにある。憲法調査会初代会長だった中山太郎元外相が提唱した「少数政党の尊重」「憲法改正を政局に絡めないこと」という与野党の紳士協定が、いまや野党によって「野党不在での採決はしない」と曲解されている。対する与党側も、野党が拒否をすれば無理に審査会を開かないという慣習に従っているのが現状だ。しかし、これではどれだけ時間をかけたとしても、野党が首を縦に振らなければ審議を前に進めることはできない。日本維新の会・馬場伸幸幹事長は「これ以上、憲法審査会の議論が停滞すれば、野党だけではなく、与党側も『やる気がない』と見なされても仕方ない」と指摘する。至極、まっとうな主張である。

二〇二〇年の通常国会（一月〜六月）が、「桜を見る会」一色の不毛な追及な場となるのか、それとも与党側が国民の負託に応える決断を下す場となるのか。日本の議会制民主主義が問われる場となったのだ。

第十二章

決められない野党の〝合流ごっこ〟は、いつまでも続くよ

カネ目当ての露骨な枝野。
さすがに優柔不断な玉木もついに
「ちゃぶ台返し」。決められない、
止められない、迷走しただけで、結局は
ふりだしに戻り「大山鳴動して鼠一匹」の結果に

破談を求めた玉木

二〇二〇年一月十日午前十一時、国会議事堂三階にある常任委員長室で、立憲民主党代表・枝野幸男と国民民主党代表・玉木雄一郎の党首会談が始まった。部屋の外の廊下では、五十人以上の記者・カメラマンが会談後に記者会見が始まるのを待ち構えていた。しかし、一時間経っても二時間経っても、会談は一向に終わる気配を見せない。

「これってセレモニー的な会談じゃなかったの?」

「どれだけ決められないんだ。いい加減にしろよ」

三時間近くが経過すると、記者たちは廊下に座り込み、毒づき始める。それもそのはず、前の月から始まった立憲と国民民主の合流協議は、二〇一九年末の時点で幹事長レベルでは大筋合意に達し、あとは両代表による正式合意を待つだけだった。

そして年明け、二〇二〇年一月七日と九日にも合わせて七時間以上にわたって水面下で党首会談が行われた。誰もが根回しはすべて終わり、この日は「合流決定」という〝セレモニー〟だけが行われると想定していたのだ。

会談開始から三時間後、立憲・国民の代表・幹事長四人はようやく会談を終え、報道陣へのぶら下がり取材に応じた。枝野は早口でまくし立てた。

「結論としましては、来週、国民民主党さんもこのテーマで一連の会議がセットされているということでございますし、私どもも、国会開会を前にして、この件について党内での議論をしなければならないと思っています。ここまでのこの間の経緯、そして議論について、それぞれの党内議論に付すということで一致しました」

枝野の隣に立っていた玉木は、うつろな表情で虚空を見つめていた。枝野は記者からの質問を一切受け付けず、一方的に話した後、足早に部屋を去って行った。

実は、この三時間の会談の冒頭で、枝野は「確認事項案」というペーパー二枚を玉木に示していた。そこには、両代表の合意事項となる案が列挙されていたのだが、玉木は最後の十番目に掲げられた一文を目にして顔を曇らせた。

「存続政党を立憲民主党にする」

意を決した玉木は、自分に言い聞かせるように発言する。

「吸収合併では飲めません。この合流話は破談にさせてください」

しかし、その場にいた枝野も国民民主党幹事長の平野博文も、それを許さなかった。枝野は「今すぐ合流を決めろ」と迫る。玉木を説得するための押し問答が三時間も続いたが、結局、玉木は押し黙ったまま頑として首を縦に振らなかった。

党内で話し合ってもまとまらないから、一任を受けた代表同士で協議を行ってきたのに、それを「党内議論に付す」。事実上、破談に終わったことを示している。

合流協議は、なぜここまでこじれたのか。

〝安住閣下〟の暴走

二〇一九年十二月中旬、立憲民主党の職員は、国対委員長の安住淳から奇怪な指示を受ける。

「ハンマーを二つ入手してくれ」

職員は耳を疑ったが、安住は不敵な笑みを浮かべた。

「立憲民主党と国民民主党の間の壁を、原口一博（国民・国対委員長）と二人で壊すんだよ。ベルリンの壁みたいに壊そうと思ってね」

　昨年十月に召集された臨時国会から、立憲の国対委員長に就任した安住。その傍若無人ぶりから「ちびっ子ギャング」「閣下」の異名を取る彼は、新たに結成した国民民主党や社民党との共同会派の運営を実質的に仕切っていた。

　十二月十八日午前十時、国会議事堂の二階にある国民民主党の国対委員会の部屋には、新聞やテレビのカメラマンが集まっていた。そこに現れた安住は、満足そうに報道陣を見渡すと、部屋で待機していた工事関係者に「では、始めて」と合図を送る。工事関係者は立憲と国民民主の国対部屋を隔てていた壁を工具で破壊し始めた。

　原口と一緒にハンマーで壁を壊すというパフォーマンスは、国民・平野幹事長が「合流反対派を刺激しないでくれ」と制止したため実現しなかったが、安住は記者団に得意気に語った。

「自民、公明両党を相手に戦っていくには、壁の一つや二つ乗り越えていかないとダメだ」

安住の狙いは、民進党が立憲と国民民主に分裂したときにできた国対部屋の壁を取り除くことで、立憲・国民の合流を既成事実化してしまおうというものだった。安住が立憲に入党したのは、このわずか三カ月前。枝野らと違って、立憲民主党へのこだわりや思い入れなどは一切無い。民主党時代に財務大臣や選対委員長を歴任した安住の願いは、もう一度あの民主党を復活させたいということだけだった。

結局、工事は合流協議が混迷する中、二〇二〇年一月中旬に終了した。民主党政権時代の広さに戻った国対部屋を見て、国民民主党の中堅議員は嘆いた。

「安住は先走りすぎだ。これでは『民主党政権の悪夢再び』と言われても仕方ない。三百万円の工事費をかけて、税金の無駄遣い以外の何ものでもない」

国民民主のカネ目当ての枝野

そもそも、なぜ枝野は国民民主党や社民党に対し合流を呼びかけたのか。

連合の幹部はこう解説する。

「理由は一つだけ、カネです。立憲は、ついこの間、三年前の衆院選の時の借金を返し終わったばかり。年明けに入る政党交付金は、去年の参院選の時の借金返済に充てたら、それで終わってしまう。枝野は威勢の良いことを言っているけど、次に解散を打たれたら候補者を擁立するカネがないんです」

枝野はそれまで、「永田町の数合わせには与しない」と公言し、「政策も理念も違う」として国民民主との合流を頑なに拒否してきた。しかし、ここに来てとうとう尻に火がついたのだ。国民民主の百億円とも言われる内部留保金がノドから手が出るほど欲しい枝野は、「共同会派を組んでみて、国民民主とは政策や理念が共有できた」と前言を翻《ひるがえ》したのだ。

原発政策をめぐり、「即時原発ゼロ」と主張する立憲と、電力総連の支援を受け、原発再稼働を条件付きで認める国民民主とは、大きな開きがある。背に腹を変えられない枝野は、昨年十二月上旬、極秘裏に立憲の政務調査会長・逢坂誠二に対し、「国民民主が受け入れられるように、立憲の原発政策を緩められないか」と持ちかけた。

これに対して猛反発したのが、衆院副議長で立憲の重鎮、赤松広隆らのグループだ。旧社会党勢力を中心とした党内左派である赤松グループは枝野ら執行部に対し、党名・人事・政策の三つを絶対に変更しないように要求したのだ。グループの議員の一人は、「原発政策や党名を変更したら、〝枝野おろし〟を始める」とまで言い切った。枝野にとっても、国会議員約三十人を擁し、党内最大勢力である赤松グループの要求は無視できなかったのだ。

「腐っても立憲民主党の看板」にすがりたい比例議員たち

一方の国民民主党内は複雑だった。昨年十二月上旬、衆議院議員の中堅・若手約二十人は玉木に対し、「早期に立憲と合流すべし」と直談判した。こうした中堅・若手議員の大多数は、小池百合子代表の「希望の党」時代に、比例復活で当選した議員だった。つまり、支持率の低迷が続く国民民主党のまま選挙に臨めば落選する可能性が極めて高い議員たちだ。腐っても立憲民主党の看板にすがりたいのが、彼らの切実な思いだった。

これに対し、二〇一九年の参院選で立憲と骨肉の争いを繰り広げた参院議員たちにとって、立憲への合流は許しがたかった。また、連合の中でも、自動車・電力・電気・UAゼンセンなど反共・反左翼的な民間系労組の支援を受ける議員たちは、左派色の強い立憲への合流には抵抗感が強い。そもそも〝希望の党騒動〟の際は、安全保障政策に大きな隔たりがあったからこそ、民進党は分裂したのだ。それをもう一度、元の鞘《さや》に戻すことには無理があった。

真っ二つに意見が割れる国民民主にあって、リーダーである玉木は揺れに揺れていた。玉木について平野幹事長は、「最後に話を聞いた人の助言を鵜呑《うの》みにしてしまう。まるで鳩山由紀夫さんだよ」とこぼす。ある日の玉木は「安倍政権に対峙できる野党の大きな塊が必要だ」と胸を張ったかと思えば、翌日には「立憲に吸収されるのはダメだ」と正反対のことを言い出す。甘いマスクと明晰な頭脳で、本来であれば野党の若きリーダーの最右翼となるはずの玉木には、政界一の優柔不断さという致命的な欠点があったのだ。

業を煮やした合流推進派の小沢一郎も、玉木の説得に乗り出す。しかし、あの剛腕・小沢ですら、「玉木君は私の前では『おっしゃるとおりです』と素直に聞くんだけど、時間が経つと、すぐにブレるんだよ」と匙《さじ》を投げた。

立憲との合流協議に乗り出そうとしなかった玉木を動かしたのは、小沢らの意向を受けた幹事長の平野だった。国民民主党本部の代表室で、玉木と向き合っていた平野は、こう脅した。

「代表、このままでは小沢さんらがクーデターを起こして、代表から引きずり下ろすという話があるようです」

これは平野の作り話だったが、玉木は顔面蒼白となって恫喝に従うしかなかった。

玉木の「ちゃぶ台返し」で迷走する合流協議

前述の通り、昨年十二月中旬から連日、合流協議は両党の幹事長間で重ねられた。立憲側は党名・人事・政策で一歩も譲らなかったが、衆院選における比例名簿の順位を両党で公平にすることや、合流後に参議院会長を選ぶ選挙を実施することなどを約束し、国民民主側が求める「対等合併」の演出に苦心した。そして十二月二十七日、帝国ホテルでの会談を終えた立憲・福山幹事長と国民・平野幹事長は記者団に対し、「一つの政党になることを目指し、自民党政権に代わって政権を担いうる強力な態勢を築く必要性を共有した」と述べ、年明けの党首会談で正式合意するための道筋が整ったことを明らかにした。

ところが年末から年始にかけて、玉木に近い〝合流反対派〟が巻き返しを図る。「合流をすれば一番損をするのは玉木だ」と説き伏せていったのだ。目立つことだけが生きがいの玉木の中で、代表の座を失うことを惜しむ気持ちが増大する。そして二〇二〇年一月四日、伊勢神宮参拝に合わせて年頭会見を行った玉木は、幹事長同士で築き上げてきたガラス細工の合意を〝ちゃぶ台返し〟したのだ。

「お互い公党としてそれぞれの政策・理念を持っていますから、協議の中で皆が納得できるような合意点を探っていくことが必要だと思います。ですから、どちらの考え方にどちらが寄せていくということでは皆が納得できるような形にならないと思うので、要は吸収合併ということはあり得ないということだと思っています。新党を作っていきます」

「新党」という言葉は、枝野にとって最大のNGワードだった。すぐに反論する。

「私は新党を作るつもりは一〇〇%ない。何か勘違いしているのではないか」

枝野は記者団に対し、「玉木という男は本当に信用できない。我々は〝吸収〟という言葉は気を遣って一度も使っていないのに、はしごを外された」と激怒した。

しかし、枝野に同情する声はほとんど聞こえてこない。カネ目当てという本当の目的を隠したまま、政策や理念を無視して、上から目線で吸収合併を迫るその姿勢には、恥も外聞もなかった。身内である立憲民主党会派の寺田学衆議院議員はツイッターでこう発信した。

「最近の枝野さんの発言に、二年前の小池さんの匂いを感じてしまう。あの時の心地よくないやり取りを思い出す。我々は二年前、そして政権運営に失敗したことから何を学んだのかが静かに問われていると思う」

国民から見放される野党

党首会談から五日後、永田町の国民民主党本部五階で、約五十人の議員が出席する両院議員懇談会が開催された。テーマはもちろん合流についてだ。この数日前、本来、部外者である安住は国民民主の原口や奥野総一郎らを使って、この両院議員懇談会でクーデターを起こす計画を立てていた。玉木を代表から解任する動議を提出しようと企《たくら》んだのだ。ところが、合流推進派の衆議院議員たちは安住の計画には乗らなかった。「解散はそんなにすぐにはない」という観測が永田町で蔓延するようになり、合流推進派の多くもクーデターを起こしてまで物事を進める必要はないとトーンダウンさせていた。結局、自分たちの選挙だけが目当てなので、選挙が遠のくと合流への勢いも失われる。思惑が外れた安住は国民民主党の国対部屋にやってきて、腹いせに玉木の顔を大写しにしたポスターを剝《は》がしていったという。

両院議員懇談会では予想通り賛否両論の意見が出されるだけで、折り合うことはなかった。終了間際になって、奥野らが「議決ができる両院議員総会を開いて、合流推進のための議論をすべきだ」という動議を出すと、玉木は「私は一任されて皆のために交渉をしているのに、後ろから鉄砲で撃つのか」と色をなす場面があった。結局、二時間以上にわたった懇談会で決まったのは、十日以内に議員総会を開いて、再度議論を行うということだけだった。そして、議員総会でも、何の結論も出すことができず、合流協議は正式に破談で終わることになった。大山鳴動して鼠一匹とは、まさにこういうことを言うのだろう。

一月十二日に行われた共同通信の世論調査で、安倍内閣の支持率は四九・三%と、前月から七ポイント近く上昇した。これに対し、立憲民主党の支持率は前月の一〇・八%から六・九%へと大きく下落した。国民民主党は一・五%から一・六%に上昇したというか、低飛行のまま。そして、立憲・国民の合流協議に「期待しない」と答えた人は七割にも上った。

決められない「悪夢の民主党」の本質が、まったく変わっていないことを国民は冷静に見抜いている。

氷川貴之（ひかわ・たかゆき）
大学卒業後、取材記者として日本の政界をウォッチ。とりわけ野党の動向に注目し、月刊誌『ＷｉＬＬ』を中心に執筆。

日本《にほん》の政治《せいじ》を
ダメにしたのは誰《だれ》だ！

2020年３月26日　初版発行
2020年５月30日　第２刷

著　者　氷川貴之

発行者　鈴木 隆一

発行所　ワック株式会社
東京都千代田区五番町 4-5　五番町コスモビル　〒 102-0076
電話　03-5226-7622
http://web-wac.co.jp/

印刷製本　大日本印刷株式会社

ISBN978-4-89831-818-8